学前融合教育的理论与实践应用研究

顾丽梅 ◎ 著

吉林出版集团股份有限公司

图书在版编目（CIP）数据

学前融合教育的理论与实践应用研究 / 顾丽梅著
. — 长春 : 吉林出版集团股份有限公司, 2022.4
ISBN 978-7-5731-1380-1

Ⅰ. ①学… Ⅱ. ①顾… Ⅲ. ①学前教育一教学研究
Ⅳ. ①G612

中国版本图书馆 CIP 数据核字（2022）第 054600 号

学前融合教育的理论与实践应用研究

著　　者 顾丽梅
责任编辑 郭亚维
封面设计 林　吉
开　　本 787mm×1092mm　　1/16
字　　数 200 千
印　　张 9
版　　次 2022 年 4 月第 1 版
印　　次 2022 年 4 月第 1 次印刷

出版发行 吉林出版集团股份有限公司
电　　话 总编办：010-63109269
发行部：010-63109269
印　　刷 北京宝莲鸿图科技有限公司

ISBN 978-7-5731-1380-1　　定价：68.00 元

前　言

学前融合教育的实施对普通儿童与特殊儿童都有积极影响。但是，目前我国学前融合教育发展缓慢，主要是因为普通儿童家长与特殊儿童家长对融合教育认识不足，幼儿园师资力量薄弱，幼儿教师未掌握融合教育的相关知识等。根据我国学前融合教育的实施现状，幼儿园可举办融合教育讲座，对幼儿教师进行融合教育技能培训，建立融合教育交流小组。对于普通儿童家长，幼儿园可举办融合教育讲座、普通儿童家长会、普通儿童与特殊儿童家长交流会。对于特殊儿童家长，幼儿园可举办融合教育讲座，并对特殊儿童家长进行心理辅导。而对于特殊儿童，幼儿园需要在入园前对其开展主题活动教育，还要在日常生活中进行随机教育。

我国推进融合教育还面临着我国传统教育制度的挑战。融合教育的发展已经使传统的教育制度发生了巨大的变化，教育体制开始逐步从二元制向一元制靠拢，国际上的特殊学校也在逐渐减少。特殊学校面临思想转轨和专业调整等问题，普通学校也面临新的教学情况和新的教育任务。随着我国经济的发展，我国已经开始高度重视融合教育，并且相应地做出了大量的努力。我国政府已发布了一系列开展“随班就读”的规定，并进行了大规模“随班就读”的实践，总结出了丰富的“随班就读”的经验，我国正在逐步形成以大量在普通学校附设特教班和随班就读为主体、以一定数量的特殊教育学校为骨干的教育格局。“随班就读”这种新的教育形式也已逐渐被人们接受。这种教育形式虽然不是融合教育思想的全部，但是为融合教育打下了良好的发展基础，有利于融合教育的进一步发展。教育制度改革仍然面临严峻挑战，是一个长期的过程，需要全社会做出大量的努力。

虽然我国推行学前融合教育仍然面临着严峻的挑战，但是我国经济社会发展日新月异，我们有理由相信：伴随着教育改革的不断深入和我们全社会的共同努力，在未来，我们的幼儿都必将受益于学前融合教育。

顾丽梅

2022 年 3 月

目　录

第一章　学前融合教育的基本理论研究

第一节　学前融合教育的内涵

在追求民主、重视人权的世界潮流下，教育机会均等的观念也逐渐成为世界各国先进国家重视的话题。除了尊重个人的受教育权，也强调无差别对待，保障个体的受教育权益。中国的特殊教育亦在此趋势的影响与带动下，逐渐受到政府与教育主管部门的高度重视。近年来，政府逐渐将特殊教育的实施向学前教育领域延伸。本节根据相关的理论文献与实证研究，阐述学前融合教育的基本内涵，分析中国学前融合教育所遇到的困境，提出相关的应对策略，以期为未来实施学前融合教育提供参考。

学前融合教育是特殊教育领域中的一个创新，主要是把0~6岁的特殊儿童安置在普通儿童班接受教育服务。学前融合教育强调有效把握特殊儿童的特殊需求，以及把握障碍发生的时效性，依照个别差异，及早施行适当的教育服务，并提供医疗、教育及社会资源等方面的协助。简而言之，就是将特殊儿童和正常儿童放在同一间教室一起学习的教育形式。学前融合教育主要源自1975年美国第94届国会通过的第142号联邦令，简称“PL94-142公法”（《全体残障儿童教育法》），强调给特殊儿童提供一个正常化的教育环境而非隔离的学习环境。近几十年来，在教育改革与重视人权的浪潮中，特殊儿童的学习逐渐受到重视。以往对特殊儿童所采取的教育安置是把特殊儿童隔离到特殊教育学校上课，因为在充足的教学环境及资源下，特殊儿童可以获得最好的学习空间。然而，隔离的环境减少了他们与人互动的机会，限制了知识和经验的获取，甚至会导致特殊儿童发生二度障碍（是指特殊儿童因为本身障碍的关系，进入一个隔离的环境时，另一项能力的发展受到限制而衍生了第二层障碍）。在融合教育的浪潮下，我国特殊教育也受到巨大影响，特殊儿童的教育安置也从原本将学生安置于特殊教育学校，逐渐强调“零拒绝”的教育安置，也就是接纳、不拒绝特殊儿童进入普通班和正常儿童一起学习。政府和教育主管部门对于学前特殊儿童教育也相当重视，主张让学前特殊儿童提早入学，并且进入普通幼儿园“随班就读”。

一、学前融合教育的内涵

我国早期对于特殊儿童以隔离教育为主，而在人权运动与回归主流思想的倡导之下，融合教育的理念逐渐落实在一般学校教育中，学龄前特殊儿童的教育安置也受到这个潮流的影响。下文介绍从特殊教育到融合教育的发展以及融合教育的内涵，进而说明融合教育的意义与哲学观。

（一）从特殊教育到融合教育的发展趋势

特殊儿童教育的发展趋势，是从特殊儿童起初在完全隔离的环境中受教育逐渐发展到可以进入普通环境中与正常儿童共同学习。20 世纪 50 年代以前，特殊儿童由于自身的生理及心理因素而备受歧视；20 世纪 60 年代以后，北欧国家在有关人权的理念上发生了很大的转变，认为以往隔离式的特殊教育制度与环境对身心障碍的儿童帮助不大，反而会增加对其身心发展的伤害，主张必须让特殊儿童与正常儿童一起在普通的环境中接受教育。由此，特殊儿童开始被接纳，并享有接受普通教育的权利。20 世纪 70 年代，“回归主流”运动的兴起，美国 PL94-142 公法强调给 5~21 岁的特殊人群提供免费且适当的教育。这个法案规定必须依据无歧视性评价，为学生发展提供个别化教育计划 IEP（Individualized Education Program），主张特殊儿童在最少限制的环境下接受教育。最少限制的环境是特殊教育的基础，也是“回归主流”的主要精神之一。其主要概念是以特殊儿童的教育为依据，意义让特殊儿童可以在最大可能范围内，拥有与正常儿童参与普通学校活动一样的教育资源、学习机会、环境与支持服务，优点是可增进特殊儿童的社会技巧，缺点则是无法确保特殊儿童能在普通的教育环境中得到所需的服务及注意力。

融合教育理念的实现是自 20 世纪 90 年代开始的，1990 年美国《特殊儿童教育法案》明文规定各州应尽力推动特殊儿童与正常儿童一起接受教育。这个法案禁止特殊儿童因障碍而被歧视，实践反歧视的精神，确保特殊儿童可以在公共和私人的服务上享有平等的待遇；强调“零拒绝”“去歧视性评价”“适当教育”“最少受限制环境”“父母参与”等原则，充分将“正常化”原则的理念落实在障碍者的各种服务措施中。1994 年，88 个政府及 25 个国际会议组织代表于西班牙参加世界特殊教育需求大会，联合国教科文组织所发表的《萨拉曼卡宣言》明确了对所有儿童、年轻人和成人在普通教育系统中提供教育的需要和迫切性，认为具有融合取向的普通学校是对抗歧视态度、产生受欢迎的社区、建立融合的社会、促进教育行之有效的方法。融合教育的方式与理念遂成为世界各国特殊教育发展的趋势及努力的目标。1995 年联合国教科文组织呼吁世界各国政府要保障特殊儿童的教育权，并全力支持让所有儿童在普通教育系统内接受教育。为了使特殊儿童未来能融入社会、创造和谐的社会氛围就必须改变大众的歧视态度并，让这些儿童接受在支持体系下的融合教育。

（二）学前融合教育的意义

美国全国教育改革与融合研究中心（National Center on Educational Restructuring and Inclusion，NCERI）1995 年将融合教育定义为：融合是对所有儿童提供服务，其方式为在住家附近学校提供学习环境，使其能接受与普通儿童相同的教育，借由对教师和特殊儿童必要的支持服务和补充协助，使儿童未来能在学业、行为上获得成功，在社会上正常生活。融合教育就是要在普通教育系统中，为所有特殊儿童的教育需求提供支持。其做法包括：和邻居及兄弟姊妹一同进入住家附近的学校；安排他们在适合他们年龄应年级与班级中；普通班教师与特殊教育教师要采取协同合作方式，提供个别化教学、特殊教育及相关服务，让特殊儿童可以在班级及教育方案上融入普通教育环境中。1994 年，联合国教科文组织提到：融合教育能消除对特殊儿童的歧视，让其回到正常生活，是建立一个融合式的社会与保障儿童受教育权的最有效方法。

融合教育的意义，就系统而言，采取一元的教育系统，特殊教育、普通教育、相关专业人员协同合作与责任分担；就对象而言，包括班上所有具有特殊需求的特殊儿童与正常儿童，每一个人都应被接纳；就安置而言，是将特殊儿童安置于住家附近的普通学校班级内；就教学而言，需要提供特殊儿童个别化教育和适当的教学，建立支持性与网络服务系统，以满足学生需要；就目的而言，去除“残疾”“障碍”“低能”等标记，保持与正常儿童之间良好的社会人际互动关系，让正常儿童与具有特殊需求的儿童都能享有同等的待遇。所以，融合教育是一种普通教育与特殊教育的结合，将具有特殊需求的儿童安置在普通班级中，使其和正常儿童能在相同的环境下一起学习、成长。

（三）学前融合教育的哲学观

融合教育是希望在融合的环境下，让特殊儿童与正常儿童有更多的互动时间，以增加学生学习的机会。其强调特殊儿童与正常儿童的相似性，基于对基本人权的尊重，贯彻了教育机会均等的观点。融合教育的理念，是秉持“零拒绝”的原则，认为教育是建立在了解学生能力长处并从长处来进行教学的服务。其做法为，在自己家附近的学校接受教育、按自然比例安排特殊儿童进普通班级，且特殊儿童在与自己年龄相近的同伴班级中接受教育，要求班级中普通教师与特殊教师充分合作。

英国融合教育研究中心（Center for Studies on Inclusive Education，CSIE）2007 年提出，提倡融合教育强调必须尊重人权的理念，认为所有的儿童都有权利一起学习，因为儿童不应该因为他们的肢体障碍或学习困难而被否定或被隔离，儿童需要与他人一起相处；被隔离者可以自行提出要求而免于隔离，儿童的教育不能以任何理由加以隔离。基于儿童身心发展的特点，学前儿童可塑性高、依附性强，因此就需求导向而言，学前融合教育是依据学前特殊儿童的需求程度，强调教育性的观点，从轻度着手体察学前特殊儿童障碍的改善进展实况，从单类特殊性逐渐扩展到多类与不分类的适当安置规划，让学前特殊儿童进入主流学习情境，从学习探索的操作活动中引导特殊儿童和自然相处与互动，进而减少或消除可能产生的偏差行为。

简而言之，学前融合教育的哲学观念是建立在对于基本人权的尊重、注重学前特殊儿童的特长，以及注重个别差异与因材施教等观点之上的。学前融合教育的基本理念，主张不管儿童有任何需求与障碍，都要将其安置在离家最近的普通班级当中，而幼儿园也必须顾及每个儿童；在教学内容、教学计划以及教学策略上，普通教师与特殊教育教师都能彼此协助与合作，依据儿童需求而调整。学前融合教育所体现的是一种尊重与积极服务弱势群体的观念，在建立服务的过程中，相关专业人员都要尊重个别差异，让普通儿童与特殊儿童都能获得最佳的学习条件。

二、学前融合教育面临的困境

我国学前融合教育的发展速度，比欧美地区要慢，欧美地区在学前融合教育实施上所碰到的困难，我国在现阶段也正经历。目前我国学前融合教育的推动仍面临许多困境，主要体现在以下几个方面：

（一）环境的因素

由于普通幼儿园教育环境还没有达到无障碍环境的要求，对于特殊儿童教育还没做好准备，因此特殊儿童对于学习活动的参与也可能会受到限制。环境分为有形环境的与无形环境。在有形环境上，虽然已有法律明文规定无障碍设施规范，但是许多都是在旧有建筑上加上一些设施，并没有真正达到无障碍的环境要求。在无形环境上，社会大众的观念以及接纳的态度对特殊儿童造成了负面影响。

（二）行政支持的因素

政府与教育主管部门缺乏相应的支持。政府部门的行政组织未能完善，许多市县皆没有设置特教专职单位或人员。行政事权未能统整或专职人员的配额不足问题，加上政策引导不全，严重影响特殊教育行政组织与功能的落实。

幼儿园行政支持不足。在幼儿园方面，行政支持的匮乏使教师无法获得必要的协助，以至在融合教育的实行过程中，对于特殊儿童的安置感到有负担、挫折、沮丧以及焦虑。对于学前特殊儿童教育的通报，缺乏明确的行政支持方案，行政人员对融合教育的顾虑及相关设备的制度缺乏弹性，加上政府与教育主管部门的倡导不足、支持不足与负责单位之间的协调不佳，且对融合教育的意涵缺乏了解，以至难以提供行政支持，常常造成幼儿园的困扰，因此园长或教师要时常寻求其他机构或渠道的协助。

（三）经费保障的因素

在教育经费比较紧张的情况下，财政无法给地方提供办理特殊教育的大量经费补助，而推动融合教育需要经费预算来执行，经费的不足将会影响融合教育的推动与落实。由于融合班级中儿童的异质性大，教师需要经常购买教材教具，但经费的缺乏致使幼儿教师无法获得足够的教材教具来进行教学。

（四）家长的因素

特殊儿童的家长担心子女能否接受适当的教育，普通儿童的家长却担心子女的权益是否会受到影响，而社会人士及家长对于特殊儿童缺乏了解，这给融合教育的施行困难。除了在融合教育的实施中，家长对于自己子女的受教权有所质疑与担心，还有些家长更不愿意自己的孩子被安排在有特殊儿童的融合班级中。普通教师在面对特殊儿童家长的要求与普通儿童家长的质疑上倍感压力，却也不知道该如何与家长沟通与协调。

（五）教师的因素

融合教育发展至今，除了师资问题，普通儿童教师在实施融合教育的过程中，因为专业知识与教学自信不足、力不从心，所以在课程设计上无法顾及特殊儿童。

师资问题。由于学前特殊儿童师资的培养在我国还没有开展起来，因此办理学前特殊教育师资的培养以及相关人员的培训，降低特殊教育师资的高流动率，都是目前所要面临的实际问题。

教师合作困难。普通儿童教师与特教教师在教育观念上的差异，对于学前特殊儿童的教学理念的不同，导致他们在合作上有困难。此外，巡回辅导教师来园时间太少，普通教师与特教教师的合作时间不够，造成普通儿童教师没有办法与特教教师讨论在特殊儿童教学上所遇到的困难，进而使特殊儿童的需求不能得到满足。

特教专业知识不足。在融合教育的趋势下，每一个幼儿教师都应具备特殊教育基本技能。研究指出，在职前培训课程中曾选修有关特殊教育课程的幼儿教师，比较认同以及肯定自身在融合教育中教育学前特殊儿童的能力。但也有许多研究指出，虽然普通教师曾选修过有关特教课程，但是仍因为在职培训不够，特教专业能力与知识不足，对学前特殊儿童的特点了解不充分，无法满足特殊儿童的需求。由此可知，学前融合教育的师资培训与教师具备专业技能的重要性。

专业团队支持不足。特殊教育专业团队的支持以及巡回辅导服务的时数太少，或是无法实时得到专业团队的支持，导致幼儿教师在辅导特殊儿童时缺乏专业咨询的协助。普通儿童教师进行融合教育时，因为专业团队服务协助的缺乏，在使用辅具上存在困难。

教学压力。融合班教师的教学压力主要是由于时间的不足，无法有效地运用时间来处理班级事务。而班级中特殊儿童的安置也使教师在教学上有压力，深感无法同时满足普通儿童和特殊儿童的需求。

班级管理困难。班级管理上的困难包括学生人数、人力、保育、行为处理等问题：一是学生人数太多、人力不足。融合教育班级中包括普通儿童与特殊儿童，但教学人员安排与编制不足，过多的班级人数却缺乏足够的人力支持，导致普通儿童教师无法兼顾所有儿童。特殊儿童人数过多也会造成教师教学上的压力。二是幼儿保育无法周延。普通教师指导特殊儿童生活的能力不足，因此不知道如何协助特殊儿童。普通教师在照护上无法兼顾与满足所有学生的需求。另外，普通教师会担心普通儿童的安全问题，而无法全心照顾特殊儿童。教师也会担心出现特殊儿童走失的突发状况，承担保育责任让普通教师感到非常有压力与困难。三是行为问题的处理。普通教师对于处理班上特殊儿童的情绪和行为问题缺乏经验与技巧，因此常常担心无法掌控特殊儿童的突发性行为。

教学策略调整困难。教学策略调整上的困难包括课程设计、策略以及教材缺乏等问题。第一，课程设计、策略与评价调整不一。统一规定的课程在班上有特殊儿童时进度容易受到阻碍，而且集体式的教学策略无法顾及特殊儿童所需。教师在设计课程与调整教学时，难以兼顾普通儿童和特殊儿童的需求与内容，而对于特殊儿童的评价内容与方法的不熟悉，也造成即便特教教师给出的教学建议，普通教师也难以落实的现象。第二，特殊教育教学资源的缺乏，对于特殊儿童有帮助的适当教材教具不充足，影响特殊儿童的学习。而普通教师对于特殊儿童教材教法的了解与运用不足，也不知如何从儿童的观点审视教材的适切性，因此要在教材上做调整就不容易。

三、实施学前融合教育的策略

（一）对教师的建议

有效运用人力资源。人力不足是幼儿园在实施融合教育时的阻力之一，应有效使用人力。调查发现，普通教师希望有助理员跟班支持。目前，幼儿园并没有提供这样的人才。不过，普通教师可以建立家长义工制度，让家长义工进入班级协助特殊儿童，减轻普通教师在人力不足上的困扰。

构建有效的教学策略。由于特殊儿童的个别差异性很大，幼儿园的普通教师要共同建立一套有效的教学策略，即每个普通教师教育特殊儿童时所产生的困难，以及有效解决的教学技巧、班级管理方法等，依照不同的障碍类别一一记录。除了可以给未来融合班教师提供类似情况的处理建议，也可以给其他幼儿园提供参考。

给特殊儿童提供参与活动的机会。把特殊儿童安置于普通班级中，目的就是要使特殊儿童有机会与正常儿童共同学习。在实际教学中，当教师认为特殊儿童因无法遵守规定而没有安排他们参与活动，融合教育便失去意义。因此，教师可以给特殊儿童提供机会，例如在演出活动中安排特殊儿童为同伴献花，让特殊儿童也感受到团体活动的氛围，且特殊儿童同样有演出表现的机会，即使只是一个细小的安排，对于特殊儿童自信心的建立也具有非凡的意义。

加强对学前特殊儿童相关措施的理解。普通教师对与特殊儿童相关的措施、福利等都不太了解，观念上难免存在误解。例如有关学前特殊儿童的安置问题，因为关涉相关的安置流程，普通教师应多了解这方面的知识，为家长提供相关信息，进而使特殊儿童获得更多、更适切的资源。

（二）对教育主管部门和幼儿园的建议

专业团队据实执行。笔者建议专业团队在进行巡回辅导服务时，能依据特殊儿童的需要，将服务的时间延长或者根据特殊儿童的状况进行弹性处理，给普通教师提供适当的协助，以及提供相关专业咨询的渠道，并与普通教师合作，拟定与规划特殊儿童的学习方案。而教育主管部门也应该对巡回辅导服务的质量加强监督，定期评估巡回辅导教师的服务成果，以提升幼儿园中融合教育的实施成效。

妥善推进特教知识的进修。教育主管部门应该举办相关的特教知识进修班，多提供有关各类学前特殊儿童的个案实例的课程，并建议进修能针对不同障碍类别来规划，以给有教学需要的融合班教师提供更多选择。另外，进修的内容更应加强特教专业教学能力的设计，例如着重特殊儿童诊断、IEP 设计与拟定、特殊儿童发展技巧评估、课程设计与教学策略等，以增加普通儿童教师的特教知识。

增加经费预算。政府应对实施融合教育的幼儿园拨付足够的经费，使幼儿园能够有相关经费运用在特殊儿童身上，以提升融合教育实施成效。

幼儿园建立特殊儿童融合教育支持系统。若幼儿园无法在融合班级中增加普通教师的人数，则需要调整师生比，减少普通儿童的人数，并且安置适当的特殊儿童人数，以减轻教师压力。另外，幼儿园可将融合教育班级设置于行政人员的办公室旁，当普通教师需要协助时，可以就近寻求行政人员帮忙与协助。此外，学校负责人应适时给予融合班级中的教师鼓励与支持，使教师在精神上获得奖励，在教学进行时得到人力支持，这将有助于教师在融合教育班级中减轻教学困难。

建立教育与医疗机构的互动网络。目前，教育单位与医疗机构仍缺乏必要的互动，造成特殊儿童的相关信息无法有效流通，因此笔者建议建立一个互动网络，使特殊儿童的相关资料得以相互流通；加上医疗机构的整合协助，使医疗与教育相互结合而顺利执行，进而给学前特殊儿童提供较好的学习环境。

虽然学前融合教育理念已经逐渐被接受，但是只是将学前特殊儿童安置于普通幼儿园，无法充分给学前特殊儿童提供所需的教育服务，融合教育的实施将难以成功。学前融合教育问题的存在，有效的策略推动才是根本解决之道。

第二节　对学前融合教育的新探索

学前融合教育渗透着人文主义精神以及促进普通儿童和有特殊需要的儿童共同发展的教育思想。但是，当前幼儿园在开展融合教育实践时存在不少问题与困惑。秉持融合理念、营造关爱氛围、加强同伴交往、促进“普特”共赢，有助于幼儿园提升教师融合教育指导素养。

学前融合教育是指有特殊需要的 0 ～ 6 岁儿童能真正和其他普通儿童一起接受的学前教育机构的保育与教育，是一种使所有儿童都能获得均等教育机会的教育方式。《幼儿园教育指导纲要（试行）》明确指出：“幼儿园的教育是为所有在园幼儿的健康成长服务的，要为每一个儿童，包括有特殊需要的儿童提供积极的支持和帮助。”一所幼儿园有责任和义务为特殊儿童提供教育和服务，特别是要积极、主动地为幼儿园特殊儿童提供早期教育服务，使这些幼儿接受符合他们自身发展规律的教育，让他们和正常幼儿一起生活、学习，接受适合他们的教育。笔者所在的幼儿园自 2014 年对学前融合教育的实践与研究进行了初步的探索，让有特殊需要的孩子（包括视觉受损、听觉受损、智力障碍、自闭症、语言障碍等）跟同龄儿童一起在幼儿园里接受教育，使他们适应幼儿园生活，发挥潜能，让其身心均能得到全面发展。通过几年的研究和探索，我们积累了幼儿园学前融合教育的实践经验，希望幼教同行可以对此问题作进一步探讨。

一、秉持融合理念，提升教师融合教育素养

我园在实施融合教育的过程中不断树立“普通儿童与特殊儿童都是发展主体”的教育理念，在使特殊孩子生活、语言、运动、智力等各方面的能力以及个性、情感、交往等社会性得到最大限度发展的同时，充分挖掘和整合利用融合教育对于普通儿童、特殊儿童共同发展的教育内涵与作用，为普通儿童与特殊儿童融合提供更人性化、专业化的成长环境，促进 3 ～ 6 岁普通儿童和特殊儿童享受公平教育。

（一）加强学习，提高素养

如何理解儿童的“特殊”内涵？在集体生活中，怎样让特殊儿童不再“特殊”？一开始，我们对融合教育的概念并不了解，更谈不上实践操作。于是，我们通过理论学习和研讨，将其理解为：尊重特殊就是尊重个性，尊重人类自己。融合教育对教师提出了更高的要求，教师应具有强烈的责任心和使命感。因为特殊儿童融合保教取得成效的关键是教师。教师要树立平等的理念，以平常心接纳特殊儿童，营造良好和谐的师生氛围、生活环境，使特殊儿童感受集体大家庭的温暖。同时，教师更要细心地观察儿童的一言一行，了解儿童的发展需要和可能性，运用特殊的教育手段和方法来鼓励、帮助他们。

自从特殊儿童进入我园，我们以积极主动的心态接纳特殊儿童，在实践中摸索，经过不断地实践、反思，也积累了特殊儿童融合保教的丰富经验。同时，开展丰富的活动促使全园上下齐心，如我园融合校园文化环境的创设和助残日等系列活动的开展，将爱心洒满整个校园。这些做法有利于帮助教师树立融合信心，能最大限度地保障融合教学的顺利进行。

（二）教学与反思相结合

众所周知，要提高实践活动的质量，教师对幼儿的观察尤为重要，而观察后必须反思跟进。除对特殊儿童制订个案追踪观察记录方案外，我们还为融合活动设计了融合观察记录表，真实地记录下特殊儿童在普班中游戏、学习、生活、运动四大板块中的行为表现，然后分析原因、寻找对策。我们要求教师共同制定融合活动方案，对实施过程中的不足之处及时交流沟通，以确保融合活动质量的逐步提高。

（三）加强研讨，解决问题

我园教师通过对特殊儿童融合半日活动观察记录的撰写，从特殊儿童在融合活动中的表现，共同对其行为进行分析，制定对策。另外，我园教师在每周五都会就特殊一周的表现做小结，并对下周融合目标达成共识。

二、营造关爱氛围，帮助树立信心

心理学家罗杰斯认为：“心理的安全和心理的自由是促进创造性的两个主要条件。”因此，对特殊儿童开展融合教育，除了要为他们设定一个物质环境，还需要为他们创设一个轻松、愉快、自由的心理环境。因此，对一些特殊儿童偏离常规的创造性行为和奇特想法，教师应给予保护。要为他们创造一种安全的学习和探究知识的环境，教师必须成为他们的支持者，了解并鼓励他们的行为、解决问题的方式和创造性，进而使他们对创造抱有积极的态度。

（一）创设良好的互动氛围

只有与智障儿童建立良好的互动关系，营造一个宽松和谐的人文环境，才能让他们自由地表达和表现，促进他们发展，帮助其建立一个积极的自我认知。当特殊儿童刚进入普通班级时，周围的人和环境对他们来说都是陌生的。这时，教师可以引导普通儿童去关心和帮助他们，感染他们的情绪，使他们体会到老师与同学的喜欢，进而帮助他们克服胆怯、退缩的心理，让他们接纳教师和同伴，逐步适应幼儿园的学习生活。

（二）确立适宜的目标任务

在融合教育中，教师可以帮助特殊儿童确立一个小目标，鼓励这些儿童为自己的生活做选择，让他们做任何自己可以做的事，自己执行并完成任务，这是帮助他们创造生活积极一面的方法之一。教师在设计活动、确定目标时，应当注意其既能满足普班儿童身心发展特点、学习特点、认知规律、经验和需要，又能对特殊儿童的某种障碍重点进行矫治训练与培养。所以，教师在有必要的时候，可以为特殊儿童制定相应的融合目标。

如进行融合音乐活动“节奏邀请舞”时，教师对普班儿童的教学目标是：在听听、说说、做做、玩玩的过程中，初步感知音乐快慢的性质，尝试用动作大胆表现。而对特殊儿童的要求是：乐意在普班儿童的帮助下共同参与活动，体验音乐活动所带来的乐趣。这样，针对不同能力的幼儿设立不同的目标，能够满足不同儿童的需要，在活动进行中也能对特殊儿童有目的地进行观察和引导。当然，不仅在目标的制定上，在融合活动的设计上，教具的提供、教学的设计等方面，都应当关注普特幼儿的差异性，可以为特殊儿童提供相适宜的操作材料（稍浅层次的、便于同伴间合力操作的材料），组织有针对性的活动等。在活动的进行过程中，教师也可以关注一些细节内容，比如授课时尽量不要背对着孩子们，让听障孩子能够看到教师的口型；在活动中，教师可以将肢体与语言相结合，以便特殊儿童理解等。教师与特殊儿童、普通儿童与特殊儿童的直接互动，有效地促进了特殊儿童参与活动的积极性。

三、加强同伴交往，促进“普特”共赢

在融合教育的大环境下，两类儿童作为教育的主体，其同伴关系直接反映融合教育的成效。对特殊儿童而言，来自同伴的友谊甚至比教师的支持更重要，同伴的接纳能够增加特殊儿童社会交往的机会，满足特殊儿童交往的需要，促进其积极情感的发展。

（一）强化训练，让行为变实践

融合教育的过程中有很多矛盾，当问题出现时，老师有意识地把问题留给幼儿自己，让他们通过协商、讨论，并在老师的引导下解决问题。比如，集体教学活动时，鑫鑫常常去影响旁边的小朋友，或者故意发出怪声吸引别人注意，刚开始出现这种情况时，孩子就报告老师，一次活动不知道要报告多少次，后来老师就引导幼儿讨论，如果出现这些问题，老师怎么排除干扰？强化训练幼儿的行为，让幼儿学习处理的方法，并且帮助幼儿将其在特定教育或情境中学到的认识、行为迁移到更广泛的日常生活、情景中去，让他们在实际的生活和活动中进行实践、锻炼，在以后的生活中形成良好的社会行为。

（二）树立榜样，提供行为典范

首先，教师的榜样作用不容忽视，教师对待特殊儿童的态度直接影响班级其他孩子的情感态度。比如，鑫鑫在焦躁不安时，老师像妈妈一样安抚他，让幼儿学会安慰别人的方法和技巧。其次，要有意识地为幼儿树立积极的行为榜样供幼儿学习。比如，星宇

小朋友今天在阅读时带领鑫鑫一起看书，鑫鑫看不懂时，星宇就和他玩说物指物的游戏，帮助鑫鑫看书。老师对小朋友的赞扬和鼓励，更多是对其行为的肯定和强化，同伴之间的交往行为更易于被模仿和学习，进而使全体幼儿形成正确、适宜的行为方式。

（三）注重日常的随机教育

融合教育绝不等同于某一方面。认知的发展和知识的获得，不可仅仅通过几次专门的教育活动而实现，而很多矛盾和幼儿之间的碰撞会在生活中发生，这就要求老师做善于发现有利的教育时机的有心人，抓住事件案例，随机把握教育契机，对幼儿积极或者消极的行为和现象及时、适时地分析和引导，进行更有针对性、更及时有效的教育，以充分发挥随机教育在幼儿社会性教育上的积极功能。

（四）家园互助、携手共进

仅仅靠幼儿园单方面的教育往往是不够的，对于特殊儿童的教育需要家园携手，共同配合。首先，可以为幼儿创造良好的心理环境。如果家长对幼儿的态度是热情的，家庭是和睦的，那么幼儿的心情也会随之变得愉悦起来，对于普班的融合活动也会乐意参与。其次，可以通过家园联系册、家访等方法，帮助家长了解特殊儿童在园融合活动的情况，以便家长回家进行进一步的巩固指导。最后，还可以加强家长和专业人员的合作，增加家长与咨询教师及其他专业人员接触的机会，使专业人员能了解多个家庭的需求，为家长对其子女进行教育提供主动参与、做决定的机会，并能随时接受其他家长的支持。

实践证明，在融合教育环境中，特殊儿童有了正向的模仿对象和丰富的情感回应，学会了如何和同伴互动，并建立和发展了自然的友谊；同时，也培养了普通儿童对特殊同伴理解、尊重和关爱的品质，养成了宽容的美德，增强了成就感、自信心以及社会责任感。

以上是笔者所在幼儿园开展融合教育的一些策略。教师只有树立正确的融合教育观和价值观，才能实现“普特”共赢。

第三节　区域对学前融合教育的推进

学前融合教育为所有幼儿创造积极互动的机会，促进特殊儿童与普通儿童彼此接纳，相互合作，共同健康成长。近些年来，我国各地积极推进学前融合教育，在办园主体、融合方案、课程结构等方面进行了积极有效地探索，取得了丰富的实践经验。针对当前发展中存在的问题，各地应加强区域推进学前融合教育的顶层设计，完善学前融合教育资源中心建设，整合园舍环境，灵活设立资源教室，强化普特联合教研。

学前融合教育是指为3~6岁的特殊儿童提供正常化、非隔离的教学环境，提供所有的特殊教育和相关的服务措施，从而促使特殊儿童与普通儿童共同学习，实现真正的融合。学前融合教育为所有幼儿创造积极互动的机会，促进特殊儿童与普通儿童彼此接纳全面发展，相互合作，共同健康成长。教育部2001年印发《幼儿园教育指导纲要（试行）》，指出幼儿园“要为每一个儿童，包括有特殊需要的儿童提供积极的支持和帮助”。江苏省教育厅等四部门联合印发《关于加强普通学校融合教育资源中心建设的指导意见》，提出2019年各设区市要基本实现所有乡镇（街道）学前和小学融合教育资源中心全覆盖，为区域全面深入推进学前融合教育工作提供了引领和示范。推进学前融合教育，既是特殊教育发展的必然要求，也是学前教育发展的题中应有之义。

研究显示，2012年以前我国开展学前融合教育的普通幼儿园非常少，主要是一些民办的幼儿园与康复机构在探索学前融合教育。近年来，各省积极推进特殊教育，开展融合教育的幼儿园越来越多。笔者对近些年各地的典型经验进行了梳理分析，以期为进一步推进学前融合教育提供有益思考。

一、近年来我国学前融合教育实践模式分析

（一）办园主体多样，多方资源有效整合

“普特”合作，“普幼”为主。办园主体为普通幼儿园，与特殊教育学校合作，教师来自特殊教育学校，特殊儿童学籍挂在特殊教育学校，日常学习在普通幼儿园。特殊儿童类型一般为听障，较少有其他障碍类型。以江苏省苏州市A幼儿园为例，2003年A幼儿园开始与当地特殊教育学校合作，启动融合教育项目。目前，服务听障幼儿的除了本园老师，还有资源中心的老师，两位专门负责听障幼儿融合教育的资源中心老师在特殊教育学校有编制。

普幼独办，团队支持。办园主体为普通幼儿园，特殊儿童学籍在普通幼儿园，没有专职特教教师，有社会团体的帮助，特殊儿童类型不定，多为自闭症、唐氏综合征、发育迟缓等。以江苏省南京市B幼儿园为例，该园为公办小区配套园，目前两轨6个班224名幼儿，有特殊儿童3名，其中自闭症儿童2名，感统失调儿童1名。因无专职特教教师，该园积极主动与当地院校弱势儿童研究中心的专家团队联系，邀请专家到园

指导。

“康教”联合，合作互助。办园主体为特殊教育学校、残联康复机构或民政福利机构。如浙江省的C幼儿园，创办于2009年，隶属于衢州市特殊教育学校，是国内较早开展聋健融合、手口双语教学的实验幼儿园；广东省D幼儿园是残联主办的融合幼儿园，2016年成立，有专职特教教师与专门的资源教室，接收多种障碍类别的特殊儿童；河南省D幼儿园，1991年成立之初为民政福利幼儿园，现为河南省首家从事融合教育的民办非企业单位，目前按照7 ∶ 1比例在普通幼儿园接收特殊儿童，幼儿障碍类型多样。

（二）融合方案多样，根据需要设置调整

根据不同条件与需要，目前我国学前融合教育机构中特殊需要儿童安排方案有多种，从融合教育实施环境、时间与融合程度来看，可以分为全日融合方案、半日融合方案、分领域融合方案及资源教室方案。

全日融合方案。特殊儿童与普通儿童一样全天在普通环境下游戏活动。该方案一般适用于障碍程度较轻的特殊儿童。

半日融合方案。特殊儿童半天在普通幼儿园，半天在特殊教育学校或康复机构，或者在幼儿园所设的独立班级里。

分领域融合方案。特殊儿童大部分时间在康复机构或独立的班级，在特定活动领域或时段融入普通班级。譬如，除了晨间锻炼与户外活动时间，其他时间都集中在独立班级；或只在自己擅长的领域（例如画画）融入普通班级活动。

资源教室方案。特殊儿童大部分时间在普通幼儿园，根据需要在某一个时间段被抽离到资源教室进行一对一或者一对多的康复训练，也可以是根据特殊儿童的需要在某个时间段进入其他利于其发展的班级活动。如在A幼儿园，大班的听障生可以在需要时以小老师的身份参与小班的语言活动，和小班的孩子在一起学习，既提升了大班听障生的自信心，又锻炼了其语言表达能力。

（三）课程结构开放，实践中调整优化

幼儿园课程与中小学学科课程不同。幼儿园课程不是书面的符号系统，不是静态的知识，而是具有动态性、过程性和情境性的，是幼儿积极投入其中的多样化的活动。有质量的教育活动要根据幼儿需要适时调整。幼儿园课程活动形式的多样化、生活化、游戏化非常有利于特殊儿童的融入。从服务特殊儿童的角度看，目前融合幼儿园课程结构形态主要有以下三种：

独立课程设置。除普通儿童课程以外，幼儿园还针对特殊儿童障碍类型与需要设置与普通课程不同的独立课程，譬如功能性课程、学习策略课程、自我管理课程、社交技能课程等。这样的课程常以抽离的方式进行，如听障幼儿的个别训练活动。

普通幼儿园课程体系下的个别化教育。在普通儿童教育环境中，教师根据特殊儿童需要进行课程调整。一是补充式课程，如情绪行为障碍的幼儿常常不知道如何控制自己的行为方式，情绪辨认的能力比较弱，较容易误会他人的表情和表达，进而造成冲突。教师观察冲突行为并及时分析原因，如果这种行为与家庭教养方式有关，就增加对家长提供教养指导等方面的内容。二是精简式课程，即改变活动内容的难度或者减少部分活动内容。如在体能活动中搭建的攀爬架与平衡木可根据脑瘫幼儿的能力进行调整；在手工活动中，唐氏综合征幼儿粘、贴的能力较弱，可以请其他小朋友帮助。三是替代式课程，即更换课程内容，针对幼儿个别需要提供更具功能性与实用性的课程。对于在某些领域表现良好的幼儿，教师可以专门为其设计更高水平的课程，如可以请建构水平较高的幼儿完成更复杂的搭建。

高宽课程体系下的个别化教育。高宽课程强调幼儿的“主动学习”，以“计划—工作—回顾”的活动教学为基本组织形式，幼儿全天追求自己的兴趣，用自己的方式来回答问题，与他人互动，分享想法。高宽课程不同于其他课程的是：更强调环境布置，材料投放；孩子主动与材料互动，从操作中获得经验与知识；教师是观察者、记录者、投放材料的支持者。此课程体系关注个体需要，教师依据特殊儿童的需求提供帮助：特殊儿童需要较少协助，可进行融入式学习，让幼儿与环境及材料自由互动；特殊儿童在自主活动中需要较多协助与帮助时，进行添加式学习；特殊儿童在活动中需要中等程度的协助时，进行嵌入式学习。在高宽课程体系下，特殊儿童的融入式、嵌入式及添加式学习方式会交叉重叠呈现。此课程对教师的专业素养要求较高，需要教师前期进行大量的观察研究，投入适合幼儿的学习材料并给予适宜的观察引导。

二、当前区域推进学前融合教育存在的问题

（一）区域推进支持有待加强

幼儿园学前融合教育的开展离不开当地政府的关注与支持。然而我们发现，在推进融合教育的过程中，部分地区会优先发展义务段融合教育，对学前融合教育的意义认识不到位；一些地区对举办融合教育的幼儿园实行场地免费或者税费减免等系列优惠政策，

但幼儿园实际教学质量亟待提高，师资配比也达不到要求，致使融合教育的模式成为某些办园机构牟利的新手段：他们将特殊儿童招入园，取得专项康复资金后并没有为支持特殊儿童教育需要而及时进行师资及设备的投入。

（二）师资配备有待优化

按江苏省有关文件要求，幼儿园招收特殊儿童达 3 人就应配备专职特教教师，各县区特殊教育指导中心应设置学前融合教育巡回指导团队，每个乡镇（街道）学前融合教育资源中心应配备专职特教教师。但目前能做到的区域非常少，师资力量不足成为影响学前融合教育进一步发展的关键因素。专业教师不足，限制了幼儿园接收的特殊幼儿的类型。目前，听障幼儿因其早期康复效果好，专业师资支持相对充分，随班就读的比例越来越高，回流到特殊教育学校的也越来越少；而自闭症、智障等类型的特殊儿童，因其专业支持力量不足，常常有被拒绝或者被劝退的情况发生。

（三）团队协作意识有待强化

学前融合教育的开展，需要专业团队的支持，需要跨界合作，尤其需要医疗、康复、心理等方面的专业人员的协助，更离不开家长的参与。目前，一些接收特殊儿童的幼儿园还处在“单兵作战”的阶段，没有意识到或不知如何去寻求特殊教育专家团队的支持。

（四）专题研究成果有待丰富

随着融合教育的推进，教师研究学前融合教育的意识不断加强，有些幼儿园已形成非常好的教研氛围，成立了融合教育教研小组。但从全国来看，专项课题研究较少，目前在国内较有影响力的学前融合教育成果仍不多见。

三、区域推进学前融合教育的对策建议

（一）加强顶层设计，区域整体推进学前融合教育

由县区或大市遴选融合教育实验幼儿园，对实验幼儿园给予政策或资金上的支持，由当地特殊教育指导中心组织教师及管理者参加学前融合教育专题系列培训，政府优先为接受较多特殊儿童的融合幼儿园配备专职特教教师。相关部门成立特殊教育专家委员会学前教育分会，在医学诊断报告的基础上请专家对学龄前特殊儿童进行教育评估。

（二）完善学前融合教育资源中心建设，提升随班就读工作水平

学前融合教育资源中心是设立在普通幼儿园的具备实施特殊教育专业能力的部门，是服务特殊儿童及其家长的机构。完善学前融合教育资源中心的建设，选配资源中心专

职特教教师，由他们来统筹组织协调寻求各类专业支持，可以为普教教师开展融合教育解决后顾之忧。

（三）灵活设立资源教室，整合利用园舍环境

在访问融合幼儿园的过程中，我们看到有些幼儿园设立了专门的资源教室，但里面的柜子不能移动且都是成人使用的高度，没有考虑到学龄前幼儿的实际需要，利用率较低；而有些幼儿园设置的嵌入式资源教室，不但延伸了资源教室的使用内涵，还增加了资源教室的数量，如将幼儿园原本的多功能室设置成感统训练室，配置了感统训练的器材，普通儿童也能入内活动，或将图书室设置成听障儿童的个别训练室，既安静又提高了图书室的利用率。因此，对现有园舍环境进行全面地整合，采取灵活多样的方式来设计资源教室，既可以尽快完成学前融合教育资源教室建设的目标任务，为特殊儿童接受良好的学前特殊教育提供适宜场所，也可以激发园所资源潜力，丰富园所功能与文化。

（四）普特联合教研，提升区域融合教育课程质量

每一个特殊需要的孩子都是普通孩子，每一个普通孩子都有特殊教育的需要。实施课程改革提升教育质量，要建立大特殊教育的观念，对现有课程进行生活化、综合化、适宜性改造，使之更符合特殊儿童的需求。普通幼儿园的游戏化课程深受特殊儿童的喜爱，多个案例已证明特殊儿童较喜欢融合的环境，而在隔离的环境中情绪障碍、问题行为等发生概率会增加。特殊儿童融合教育需要普教与特教的老师合作共育，所以从区域层面，各县区教研部门可以举办普特集体教研、现场观摩与研讨，在观察实践中提升普教与特教教师的专业能力；同时，也可积极邀请康复师、医生、心理咨询师、社工以及家长参与，以期最终形成普教教师、特教教师、康复师、医生、心理咨询师、社工等多方合作的教育教学研究团队，在共同研究、凝练学前融合教育科研成果的同时不断提升课程质量，更好地服务“普特”幼儿。

第四节　学前融合教育研究

通过分析近年国内学前融合教育研究的相关文献，笔者发现当前研究主要集中在六个领域：国外经验、措施介绍与借鉴；学前融合教育实施的可行性及必要性；安置模式、课程设置及教学策略探讨；态度及支持保障系统的现状；师资及专业素养调查和教育干预效果研究。可见，存在重理论轻实践，本土化特色不强；研究面较窄、层次低，合作

研究相对缺乏等突出问题。因此，未来研究应加强实践研究，重视融合教育研究的本土化；有效整合融合教育研究力量，提升研究的实践指导力；重视学前融合教育师资，加强融合教育教学研究等。

学前融合教育是针对 3~6 岁有特殊教育需要的儿童，将他们与普通儿童安置在同一教育环境中，以两者共同活动的融合教育为主，同时提供多方面的支持和辅助以满足其需要和发展。在我国，融合教育又被称为“全纳教育”“随班就读”，而“学前教育”与“早期教育”“幼儿教育”存在包含关系，所以笔者为确保资料的完整性，以“学前”“早期”“幼儿”等词分别并含“融合教育”“全纳教育”“随班就读”为主题在中国知网（CNKI）和中国硕博论文全文数据库上进行检索，其时间为 1994—2016 年（不含 2016 年硕博论文，因 2016 年硕博学位论文还没被 CNKI 收录）。经过去重、删除与主题不相干的课题简介、征稿启事等非正规学术文献后，得到有效文献 266 篇（其中期刊论文 234 篇、优秀硕士学位论文 30 篇、博士学位论文 2 篇）。

“融合教育”这个概念是 1994 年联合国教科文组织在《萨拉曼卡宣言》中首次提出，其理念是让有特殊需要的儿童进入普通教育机构，与普通儿童一起接受教育，融入普通教育环境和社会环境，实现特殊儿童和普通儿童的共同发展。这一概念的提出，打破了自 1770 年以来对残疾儿童长达两个多世纪的隔离式教育。随着国际融合教育的发展，特殊儿童进入普通幼教机构的人数逐渐增加，我国对学前融合教育也越来越重视。教育部等部门 2014 年颁布的《特殊教育提升计划》中指出，要“支持普通幼儿园创造条件接受残疾儿童”。在这样的背景下，我国特殊教育研究者、工作人员以及特殊儿童家长等也越来越关注国内的学前融合教育的整体发展。那么，自 1994 年国际“融合教育”概念提出后，我国学前融合教育研究进展如何？存在哪些问题？本节拟从这些问题出发，结合我国 20 多年的学前融合教育研究的相关文献，进行分析、整理，梳理出国内学前融合教育研究的进展情况，以期为今后学前融合教育的发展有所启发。

一、研究内容

从相关文献数量来看，我国近 20 年国内学前融合教育的文献数量呈不断上涨的趋势，在 2008 年后出现不断攀升的情况，2015 年度文献数量达到统计年度的顶峰。这可能与 2014 年我国政府颁布《特殊教育提升计划》有关。该计划加强了广大学者和教育者对学前融合教育的重视。但整体上，我国的学前融合教育研究还是处于起步阶段，发展速度缓慢。

从文献研究内容上来看，这 20 年国内学前融合教育研究主要集中在：国外学前融合教育理念、措施介绍与借鉴；我国实施融合教育的可行性及必要性论述；我国学前融合教育安置模式、课程设置及教学策略探讨；态度及支持系统的状况；教育师资及专业素养调查研究以及教育干预效果研究等。笔者查阅 1994 年至 2016 年的学前融合教育相关文献发现，2005 年之前的研究主要关注我国学前融合教育的可行性和必要性；此后的研究，特别是研究以态度、师资调查和干预研究居多。这表明我国学前融合教育在研究内容上由可行性、必要性的探讨转向态度观念的关注，进而到重视教育教学质量和效果上来。这一趋势的发现与刘晓燕的研究相似。

（一）国外学前融合教育理念、措施介绍与借鉴

由于我国的学前融合教育还处于起步阶段，因此这一阶段有很多关于国外学前融合教育的研究，其主要目的是为我国学前融合教育的开展提供借鉴和启示。如曹漱芹从理论层面介绍了德国学前融合教育的内涵、理念、政策法规、服务模式、诊断和评估，又从实践层面重点阐述了德国融合教育的课程设置和教学策略等问题，并遗憾地指出目前我国学前融合教育研究相对薄弱，远未形成从理论到实践的完整体系，西方德国融合教育的成功经验能为我提供借鉴；张莉从教育政策、教育参与人员及教育实践等方面对英国学前融合教育的发展做了概述，并阐述了英国学前融合教育教师对融合教育支持力度不够、教师专业技能缺乏、缺少相关资源支持等问题，最后指出这些问题同样值得我国学前教育研究者思考。张莉、周兢阐述了英国政府在“联合思想”的指导下建立了多学科、多部门专业人员的学前融合教育的“部门间合作模式”；并指出，从英国学前融合教育的成绩和困境来看，我国学前融合教育要加强构建以“家庭—教育—医学—专业机构—社会力量”为一体的参与模式，扩大协调人员队伍，增强部门间合作等。学者们对国外学前融合教育理念、措施及经验的介绍，不仅为我国研究者提供了丰富的借鉴材料，让其在学前融合教育研究上不断深入，而且为我国融合教育的发展开辟了一条大路。

（二）我国实施学前融合教育的必要性及可行性

学者在介绍国外学前融合教育的同时，开始探讨和探索我国学前融合教育。在此阶段，他们论证了我国实施学前融合教育的必要性和可行性，并从理论和实践方面加以证明。首先，学前融合教育对正常儿童和特殊儿童都有积极的意义。周念丽发现，融合保教在促进听障儿童、自闭症儿童、弱智儿童发展的同时，亦对正常儿童激发自我效能感、

增强表达能力以及促进心理理论发展等有积极意义。张霞萍对听障儿童和视障儿童实施融合教育，发现这些儿童的动手能力、认知能力、语言能力、自主性以及环境适应能力都得到了提高和发展。其次，我国目前有相关政策和法规的支持。1990 年第七届全国人大常委会通过的《中华人民共和国残疾人保障法》第二十二条规定，普通儿童教育机构应当接收“能适应其生活的”残疾儿童；1994 年国务院颁布的《中华人民共和国残疾人教育条例》规定，“普通师范院校应当有计划地设置残疾人特殊教育必修课程或者选修课程，使学生掌握必要的残疾人特殊教育的基本知识和技能，以适应随班就读的残疾学生的教育需要”，这标志着我国法律和政策对融合教育由关注推进到师资培养的层面；2014 年颁布的《特殊教育提升计划》明确指出，要“支持普通幼儿园创造条件接收残疾儿童。支持特殊教育学校和有条件的儿童福利机构增设附属幼儿园（学前教育部）”。这些政策、法规为我国学前融合教育提供了坚实的法律保障。最后，我国实施学前融合教育有坚实的道德基础。严冷认为，按照我国传统的“仁爱”道德观，幼儿及幼儿家长应当接纳、尊重和关心残疾儿童；幼儿园教师和管理者除应该接纳、尊重和关心残疾儿童外，还应该努力为他们提供适应其个体需求的保育和教育服务。由此可见，在我国实施学前融合教育有着理论、实践以及外部环境的支持，这些也表明了国内发展学前融合教育是可行的和必要的。

（三）学前融合教育安置模式、课程设置及教学策略探讨

学者在探讨国内学前融合教育的可行性和必要性的基础上，一方面对国外的学前融合教育安置模式进行介绍和借鉴，另一方面也在不断探索适合我国学前融合教育的安置模式。教育安置模式是指由为各类特殊儿童提供教育服务的机构和设施所组成的有机系统。由于教育安置模式受到社会价值观、经济发展水平、历史文化传统以及教育法治等制约，不同国家有着不同的安置模式。从世界范围来看，特殊儿童教育安置存在着两种最为典型的模式：一种是以苏联为代表的分门别类、以特殊学校为主体的封闭型模式，另一种是以美国为代表的强调尽可能把特殊儿童安置到“最少受限制环境”中去的开放型模式。我国在“全纳教育”理念的影响下，逐渐形成了以“以随班就读为主体、以特殊学校和特殊班为骨干”的教育安置模式。有研究者认为，我国的幼儿园应当形成“以普通幼儿园中的特殊班级安置为最主要的形式，以部分普通部分特殊教育的安置为次主要的形式，以特殊学校中的幼儿班为辅助形式”。

随着融合教育在我国幼儿园的推进，研究者也开始关注融合教育的课程设置和教学

策略。目前，对融合教育课程争论的结果是：融合教育学校要实现“所有儿童都能获得成功”（Success for All）的教学目标，其课程必须针对所有儿童。我国学者邓猛认为，全纳学校的课程设置应该具备弹性，体现学生学习能力的多样性，反映不同学生的不同特点与学习需要。于松海等认为课程的选择应考虑：课程的实用性、兼顾儿童的心理和生理年龄、统整性（在完整的活动中实现学习目标）、适当的挑战性、以社区为导向以及强调提升人际能力等。由于特殊需要儿童需求的特殊性，目前对他们采用的教学策略主要是个别化教学。吕晓探讨了针对学前听障儿童的个别化教学设计，认为实行个别化教学能提升特殊儿童教育质量，最大限度地补偿缺陷、开发潜能。但是，个别化教学计划在实践方面也存在一些问题，如评估过程简单且不全面、目标随意、对儿童整体发展缺乏关照等。

（四）学前融合教育的态度及支持系统的状况

可变风量系统的控制方法是通过出口温度与预定值的比较，使电机转速由送风、回风及室温控制。DDC(Direct Digital Control) 控制器在变风量系统中控制如下：感应出风温度，控制两通阀打开—制冷，控制变频器改变电机转速，调节出风温度—低温，控制打开外部空气及回风风门，保持送风风温，平衡温度—温度过低，控制冷排不冻结。

由于上述研究的调查对象主要来源于某个地区甚至仅仅是某个班级，样本量不足以代表我国人民对学前融合教育的态度认识，因此在这方面的调查仍需不断地加强与深入。此外，态度会影响人们对学前融合教育的支持情况，笔者在整理学前融合教育支持系统的相关研究中，发现目前这方面的研究较少，并且各方面的支持情况不一致。卿素兰等运用问卷法和访谈法对教师、普通学生及其家长、随班就读学生及其家长进行调查，发现在对五个支持系统的总体评价中，家庭与学校支持系统比较完善，政府经费支持力度较大，社区支持度尚不够，学生自我预期不佳。靳敬坤采用问卷法对融合幼儿教师以及接受融合教育的自闭症幼儿家长进行调查，发现教师和家长都认为教师支持状况最佳，但在幼儿园行政支持和家长支持状况上的看法不一致。

（五）学前融合教育师资及专业素养调查研究

在对学前融合教育的师资、专业素养调查上，相比于其他阶段，笔者发现我国学前融合教育师资严重不足，有特殊教育背景的幼儿教师极其缺乏，幼儿教师在融合教育上的技能有待提高。以四川省为例，相关调查显示，截至 2010 年年底，四川省在园幼儿 188.75 万人，幼儿专任教师 51909 人，可知师生比为 36 ： 1。此外，有调查发现成都地区的普通幼儿园里没有教师具备特殊教育专业背景。可见，学前融合教育阶段师资严重不足，融合教育能力极其缺乏。具体研究有，左瑞勇等认为当前幼儿教师普遍存在全纳教育素养缺失的问题，体现在全纳教育观念、知识和技能与能力等方面的不足。陈晓发现，调查的 190 名幼儿教师均没有特殊教育专业背景。在我国幼儿教师普遍缺乏融合教育专业素养的情况下，一些学者开始思考如何改革高等学校特殊教育的培养模式。其中邓猛认为，培养特殊教育骨干人才、融合教育专门人才以及随班就读普及型人才是当前特殊教育师资培养模式变革的主要方向。冯雅静等则介绍了美国“双证式”融合教育教师职前培养模式。学生毕业后可以获得普通教育教师和特殊教育教师双重从业资格证，并认为尽管在项目实施背景、专业资源、融合教育发展水平、教师培养的基本模式等方面与我国的现实情况有一定差异，但仍然能在课程设置、培养目标、实践教学等环节提供借鉴和经验。

（六）学前融合教育的干预效果研究

笔者整理相关文献资料发现，学前融合教育干预研究的对象主要集中在自闭症儿童、视障儿童、聋哑儿童以及肢体残疾儿童等，其中对自闭症儿童的融合教育研究较多。在这一类的研究中，研究者主要是对有特殊需要的幼儿进行诊断、评估、干预，以期其问题行为有所改善，并能够逐渐融入普通教学环境。如徐胜对一名早期诊断为自闭症的儿童进行干预，在诊断、评估、观察、访谈等基础上为其制定并实施了 IEP 计划，通过 3 个月的干预发现该儿童能够完成大多数计划内容，但一些常规内容还需要继续坚持训练；魏寿洪运用单一受试法也对一名自闭症幼儿进行为期 12 周的融合教育干预研究，发现其问题行为减少、沟通技能增加，但社会交往能力仍未得到有效改善；张欢运用社会故事、半日视觉流程图、集体讲故事，以及积极行为、情感与沟通支持，配合少量的同伴介入等策略，在自然的学前教育环境中对自闭症幼儿进行干预，发现其活动参与度有所提高，与教师主动交往的行为次数显著增多，交往的内容和形式也增多，刻板行为出现频率虽下降但新的刻板行为不断出现。姚雅萍对一名在融合教育环境下的听障儿童进行研究，发现该名儿童的主要问题是上课常规差、教学活动参与性不高以及同伴交往技能不够。通过研究者两个月的行动方案的实施，该名儿童的教学参与性有所提高。这些特殊儿童在融合教育环境下进行了一段时间的干预训练，问题行为明显减少。研究者们总结原因，主要有：宽容接纳的学习环境、专业人员支持以及家庭成员的支持等。

二、研究问题

（一）重理论轻实践，本土化特色不强

从文献数量上来看，我国学前融合教育的相关文献近几年有所增加，但从整体上看，文献数量并不多，还存在起步晚、发展缓的状况。从研究方法上看，我国学前融合教育研究运用的方法以理论研究居多，实践干预研究较少。尽管近年来调查实践的方法增多，但是这些方法的运用也仅仅停留在对我国学前融合教育现状的描述上，真正的实践干预层面的研究比较少。从研究内容上看，大多数的文献是在介绍国外学前融合教育，探讨我国学前融合教育的可行性以及安置模式、课程设置等，关注教育教学质量的并不多。此外，尽管学者们近年来不断对“融合教育”“随班就读”“全纳教育”等概念进行争论与辨析，但是从本质上来看，融合教育是一个“舶来品”，是西方文化里的概念，如何将学前融合教育建立在我国国情和传统文化之上还需要不断地探讨和实践。正如邓猛所说，“如何将融合教育的理论及各种实践方式与中国特有的社会文化及教育背景相结合，形成根植于中国社会文化特性的本土化融合教育理论，是我国特殊教育研究的关键问题”。笔者认为，解决了这一问题也能为我国学前融合教育的发展提供深厚的研究土壤。

（二）研究面较窄、层次低，合作研究相对缺乏

对国内近 20 年学前融合教育的文献进行整理归纳，发现研究面较窄且层次低，研究主题单一，对我国学前融合教育的家园共育、普特儿童的社会性发展以及认知、情感、能力的研究不多；研究对象以教师、家长、幼儿为主，政府、社区、社会工作者等研究较少；研究范围以地区居多，全国层面上的数据缺乏，且出现东部地区多，西部地区少的现象等。从合作形式来看，目前学前融合教育的研究仍然以个人为主，高校是研究的主体，存在跨学科研究不足、研究者学科背景比较单一、一线教师和高校研究者合作较少等问题。这在一定程度上导致研究力量分散，学术影响力不强，使学前融合教育研究进展缓慢。

（三）对学前融合教育相关问题的认识有待深化

目前关于融合教育的研究，正如邓猛所说，“以介绍西方理论、实践以及扩展全纳教育项目为主；外国名词与理论介绍多，本土化的理论探索与生成少；游说与动员式的论述多，深入的反思与批判少；关于各类人员态度与观念的调查多，课堂教学改革少；结合各地特有文化特点的分析更是少见”。对已有研究内容进行分析可以看出，当前学

者们对学前融合教育的研究主要停留在国外经验介绍和对我国学前融合教育的现状调查上，认识深刻性有待加强，研究的透彻性也不够。从整体范围来看，我国学者对学前融合教育形成的历史背景、教师融合教育素养、融合教育背景下课程设置、教学改革等问题缺乏深刻的理解与阐述。这也是今后我国学前融合教育研究的趋势，是需要不断深化和挖掘的地方。

三、展望

（一）加强实践研究，重视融合教育研究的本土化

目前，我国学前融合教育研究存在重理论轻实践的问题。笔者认为，要想促进学前融合教育的发展必须把理论付诸实践，使研究从理论层面的探讨转向实践层面的使用，并多关注我国随班就读事业或学前融合教育的现存问题，以解决现实之需。此外，我国学者从各方面阐释了学前融合教育在我国实施的可行性与必要性，那么如何使学前融合教育贴近中国文化，更具中国特色，并结合各地文化特点进行分析与研究，是研究者们必须思考和努力的方向。

（二）有效整合融合教育研究力量，提升研究的实践指导力

融合教育不仅涉及教育学，还包括心理学、医学、卫生学，甚至语言学、体育学等诸多学科，需要多个学科的研究者携手共建才能产生良好的效果。笔者认为，可以从以下几个方面整合研究力量：高等院校可以增设学前融合教育研究机构，如华东师范大学设置的融合教育研究所；开辟融合教育研究的学术传播渠道，如教育类期刊增设融合教育专栏、幼儿教育频道设融合教育专家访谈等；组织相关学术研讨会，共同探讨学前融合教育相关问题等。总之，笔者认为，要促进学前融合教育研究的发展，需要形成由高校特教和早教专家、医疗康复专家、社会志愿者以及社区爱心人士等组成的学前融合教育研究团队，建立医教结合、家园共育、幼儿园和社区联合的学前融合教育研究环境。

（三）重视学前融合教育师资，加强融合教育教学研究

良好的师资是融合教育发展的关键，也是融合教育事业发展的前提和保障。笔者认为，要推广和发展学前融合教育，必须建立起一支业务精良、专业过硬的融合教育师资队伍。而要建立一支业务精良的幼儿融合教师队伍，当务之急是要提升幼儿教师的学前融合教育素养。学前融合教育素养是指幼儿教师在工作时所必备的融合观念与态度、融合教育专业知识和融合教育专业能力。但目前关于学前融合教育师资研究仅仅停留在对

融合教育知识和能力的现状描述上，对学前融合教育的课程设置、教材使用情况、教学方式多样性、教学改革情况等研究较少。因此，笔者认为必须加强融合教育的教学研究，才能有效提升我国融合教育师资力量，促进学前融合教育的发展。

第五节　高宽课程理念对学前融合教育的启示

高宽课程主动参与式学习、关键发展性指标、支持性的一日生活安排、多元化的评估过程、系统化的员工培养的基本理念，对于学前融合教育中特殊儿童的有效学习、普通儿童的受益度、融合教育教师专业能力的提升及融合教育环境的创建，都具有一定的启示意义。而学前融合教育质量的提高仍需思考融合教育本土化、学生能力发展、有效支持、多元评估、教师专业化提升等内容。

高宽课程模式是20世纪60年代美国“佩里学前教育”里的一个研究项目，经过多年的理论和实践研究，形成了一套完善的幼儿园课程体系，是当今世界推崇的优秀幼儿园课程模式。高宽课程最早用于支持贫困教育，它的核心理念是主动学习，其内容围绕幼儿学习的关键经验展开，主要通过一日活动中的计划—工作—回顾等环节得到体现。该课程模式对于学前融合教育开展中的普通儿童、特殊儿童及融合教育教师的发展，都具有重大的启示意义。借鉴高宽课程的教育理念，对于提升学前融合教育的质量有重要的实践意义。

一、高宽课程的理念

（一）主动参与式学习

杜威认为，个人经验的获得是一个积极主动的过程，而不是被动接受的过程。人的学习不但受环境的影响，还可以改造环境使其发挥教育意义。主动学习主要是主动通过参与移动、听、感觉、操作等一系列活动学习概念、形成想法并产生抽象的意识。高宽课程理念中，无论儿童还是老师，都不是被动地接受知识。儿童主要通过对环境的体验和改造来获得主动发展，主要通过儿童的内部学习动机、操作物体、对活动进行思考、问题解决四个环节实现主动学习。教师的培养和学习也依靠学生的反应及参与式的学习方式去实现。

由此可见，高宽课程理念注重培养学习者和教育者的学习兴趣、需要及学习动机，注重对于环境的利用和改造，注重学生在活动、操作等直观形式下探索，从而激发学生主动与环境中的人、事、物产生互动，促进学生学习。高宽课程在活动中启发学生和老师反思，注重学生解决问题的能力和教师研究、实践的能力。以上集中体现了高宽课程主动学习理念既有从情感角度对学生学习内驱力的激发，又有过程中对学生学习态度和学习方法的指导，高宽课程学习的最终目的是使学生通过主动探究和思考，形成主动学习的能力和自主解决问题的能力。

（二）关键发展性指标

关键发展性指标是高宽课程的主要内容，高宽课程的研究者制定了 58 条关键发展性指标，内容涵盖主动学习、社会性和情感性的发展、身体发展与健康、语言读写和交流、数学、创造性艺术、科学技术、社会学习八个方面。

高宽课程中的“关键指标”是对孩子目前和未来的生活和发展具有重要功能的，而“发展性”要求在这些指标的学习中，一定要遵循儿童发展的顺序性和阶段性。“关键”和“发展性”这些指标对于把握孩子的学习兴趣、了解孩子的能力现状、科学地观察与评估儿童、依据儿童个体的需要进行教学活动的设计与实施、依据个体需要调整和改造环境都具有重要的指导意义。它包含了一个个体全面发展的所有领域。这些指标都是以单独的维度分别出现的，但是在实际的学习过程中，各个领域应该是相互联系、相互渗透的，这点对于教师把握目标的针对性与全面性的关系具有一定的挑战。关键发展性指标不是具体的学习内容，但对于教师在游戏活动和教学活动中，促进孩子能力提升起着奠基性的作用。

（三）支持性的一日活动安排

高宽课程的一日活动常规由计划—工作—回顾活动、集体活动、户外活动、小组活动、阅读休息、点心时间和过渡时间组成，而其中计划—工作—回顾是高宽课程最独特的部分。高宽课程的一日活动安排反映着主动学习的理念，幼儿的学习过程是幼儿主动参与的过程，教师在一日活动中提供与幼儿兴趣相符的学习材料，使幼儿在游戏和活动中有自己的独立空间，使幼儿在独立学习的过程中，进行语言和思维活动，学会独立思考。教师在活动中要善于发现幼儿的优点，给予幼儿充分的选择权，给予幼儿恰当的支持鼓励，帮助幼儿独立解决问题。在支持性一日活动的学习过程中，教师只有不停地给幼儿建构适合幼儿发展水平和发展顺序的“鹰架”，才能确保幼儿一日活动的质量。

（四）多元化的评估过程

高宽课程鼓励用发展的观点来看待儿童的行为，重视行为中透露出来的学习潜力，而不是因为某个行为就轻易给儿童定位或下结论。高宽课程理念中重视在日常生活的真实情境中进行观察评价，倡导全面性、发展性、真实性、过程性、家长参与、反馈及时等评估理念。这些理念对于真正了解儿童、真实有效评价儿童发展与教师教学质量、促进儿童在家庭教育中的成长、促进家园合作的评价机制都具有重要的意义。

（五）系统化员工培养

高宽课程将主动参与式培训作为培训的指导思想，教师培训中把教师的学习视为主动参与式学习，高宽课程要求教师要达到理论、研究和实践的综合，把教师视为有思想的个体。在该理念的渗透下，教师要了解该课程的教育理念，认同该课程的教育理念，并在主动思考后了解其思想的精髓，才能更好地应用于实践和研究。同时，该理论中儿童主动学习的理念也会带动教师儿童观和教育观的转变，改善师幼互动方式以及家园合作的方式，使教师真正做到支持性地学习，成为儿童学习的陪伴者、引导者和支持者。

二、学前融合教育质量提升的几个关键因素

有质量的融合教育一定是能促进所有学生的发展，对整个社会都有益的。融合不是学校给残障、少数族裔或者其他困境儿童的福利，是不同身体状况、出身和文化背景的儿童丰富了学校的生态，成就了更好的教育。在学前融合教育中，只有爱心或者只关注特殊儿童的发展而忽略普通儿童和融合教师的成长和学习，对于整个教育生态都是不公平的，融合教育质量的提升的基础是所有儿童和老师都成长发展，整个大环境对融合教育是接纳和支持的。

（一）特殊儿童有效学习

在融合教育中，特殊儿童的有效学习是融合教育质量提升的保障。特殊儿童在学前融合教育的环境中有效学习需要具备两点：行为的恰当和有效的活动调整。大量研究和实践表明，特殊儿童在学前融合环境中普遍存在课堂离座行为、存在注意力的缺陷，有的甚至还有问题行为。在活动的融合中，特殊儿童普遍学习兴趣和动机不足，缺乏活动融合的主动性，而教师活动调整的专业能力有限。因此，引导特殊儿童恰当的行为和适合的活动调整是促进学前融合教育提质保量的关键点，而要实现有效学习，离不开环境、专业的同步支持。

特殊儿童在学习时，也容易被一些错误的观念误导，如有的家长和老师侧重孩子的缺陷补偿学习而忽视了孩子的全面发展，还有的家长和老师高强度地给孩子灌输学习内容，导致孩子丧失学习兴趣，还有的孩子被动接受很多在实际生活中缺乏功能和意义的学习内容，这些会严重影响孩子的有效学习。

（二）普通儿童受益度

儿童发展具有个体差异性。在学前融合教育中，普通儿童不是特殊儿童学习的陪衬者，真正的融合教育应该是普通儿童和特殊儿童共同进步。教师要把班级里的儿童每个都当成有个别化需要的儿童，尊重每个儿童的兴趣爱好和选择，提供给儿童需要的材料，引导每个儿童按照他的现有能力去思考与解决问题。郑州奇色花福利幼儿园 20 年的实践探索表明，接受学前融合教育的普通儿童的亲社会行为、语言能力和面对差异个体的包容心明显高于未接受融合教育的儿童，而这些基本的品质对于他们未来的工作和学习的态度都有较大影响。

在融合教育中，大量的理论和实践都在指向特殊儿童的发展与支持，而对普通儿童在融合环境中的成长的相关研究非常少。因此，普通学生及家长参与融合教育的欲望不强烈。学前融合教育迫切需要普通儿童在融合教育中受益的佐证来体现融合教育有益于所有儿童的发展，而普通儿童受益度的分析要全面，既有知识的也要有能力和情感的受益分析，这才符合儿童全面发展教育的要求，才能真正体现融合教育的价值。

（三）融合教育教师专业能力提升

张瑶等人在学前融合教育专业素质调查中发现，学前融合教育最主要的瓶颈之一就是幼儿教师融合教育专业水平不高，主要表现在幼儿教师专业理念不足，缺乏融合教育行为能力，如了解特殊儿童的需求、师幼互动的能力、游戏的能力、个别化训练及家庭指导的能力等。而这些能力的提升，一方面需要教师自身的内驱力调动学习动机，另一方面需要支持化的环境给予专业支持。这就需要教师学习融合教育的理念，在理念的引领下主动寻找支持化的环境去学习融合教育的理论与方法。而教育行政部门、高校等则要分工明确，为学前融合教育教师专业能力提升提供系统化的政策、专业发展、资金等支持。

（四）支持优化融合环境

融合教育实施的关键在于建立支持体系，没有支持就没有融合。支持体系贯穿在学前融合教育从宏观到微观的方方面面。首先，需要创建大众接纳特殊儿童的融合性的社会环境。这需要从顶层设计、政策法规、文化氛围构建等方面，大力宣导学前融合教育及其意义价值。其次，需要大力培养具备融合教育素养的师资，这需要从融合理念引导、融合教育专业知识与技能等方面，加大职前与职后融合教师的培养力度。再次，需要在活动中创设支持性的学习氛围，为学前融合教育中的孩子提供丰富多彩的材料，采用丰富多样的支持形式，开展个别化的评估与教育。

三、高宽课程对学前融合教育的启示

（一）更新教育理念，探索本土化模式

我国学前融合教育尚处于探索阶段，学前融合教育的教育理念还需不断地进行理论与实践研究，主动学习的精神应贯穿学前融合教育的学生教育和教师培养。

从特殊儿童教育的角度来说，教师要善于发现特殊儿童的优点，善于激发其学习兴趣和学习动机，使孩子成为环境中的主动探索者；注重特殊儿童学习品质和学习过程的引导，注重对特殊儿童进行生活教育。在学前融合教育中，特殊儿童行为的引导和活动的融合是两大重头戏，教师在特殊儿童关键能力的培养上要运用积极行为支持的方法引导其积极行为。在活动中，为了准确把握其关键能力，教师需通过观察、评估和调整的策略，了解每个孩子的关键能力，在活动中完成每一个孩子的个别化教育计划。随着教师专业化水平的不断提高，教师需在融合环境中细化每一个活动具体的个别化融合教育计划，提高特殊儿童学习的针对性和有效性。

从普通儿童教育的角度，教师要尊重每个孩子的兴趣爱好，在融合环境中给予孩子启发性的思考，促进其解决问题的能力的提升。学前融合教育中普通儿童的能力提升也是教师必须关注的，教师要细化普通儿童学习态度、学习品质、学习过程等领域的评价标准，使学前教育中普通学生的发展具体可操作、可评量。

从学前融合教育中教师培养角度来看，首先，应侧重融合教育教师融合教育理念的渗透，从而促进融合教育教师主动学习，如融合教育中对儿童的观念和融合教育的观念，融合教育中的工作职责和合作分工，融合的价值及融合教育中个人的力量等等。其次，要引导其主动学习学前融合教育理论知识与参与学前融合教育的实践，在参与式的活动中培养其对于学前融合教育的感情和驱动力。再次，我们要研究系统化的学前融合教育理念，如自顶层到教育行政管理人员，再到一线的管理者、教师、家长等所应该具备的理念等。最后，我们要在融合教育理念的引导下寻找适合本地特色的学前融合教育实践模式，使其适合地区情况。

（二）注重个别化差异，发展关键能力

特殊儿童与普通儿童有相同的机体结构和心理发展基本规律，他们的发展同样都受遗传、环境、教育三因素的影响。在学前融合教育中，每个孩子的兴趣、擅长领域和表现都是不同的。教师要理解和接纳孩子的差异，善于发现每个孩子的优点，找到他的现有能力，在科学评估的基础上准确把握每个孩子的关键能力，并在儿童发展的规律指导下发展其关键能力。特殊教育全人发展观启示我们，在发展关键能力时要注重孩子的全面发展，避免顾此失彼。具体到实践中，学前融合教育中的每一个孩子都有其个性化的支持方案。而关键能力的发展，则需要融合教育教师具备扎实的专业理论知识和教育机制支持。尤其是大班额的班级，如何准确把握每个孩子的兴趣爱好和目前的能力，以关键能力为基础评估幼儿、设计教学活动、促进孩子与环境的互动等都是教师教学活动中亟需解决的问题。

（三）创设支持性氛围，实现主动学习

学前融合教育的幼儿和教师的发展都需要创建支持性氛围，教师要创造有利于幼儿学习和发展的互动性环境。在学前融合教育中，教师应通过兴趣调查、学习特点调查、学习方式调查等，了解适合学生学习的材料、同伴、环境、事件等，给学生创设主动学习的空间，使所有学生获得适宜的发展。其中的难点在于教师如何恰当地支持，这对于教师的专业素质再次提出挑战。教师的发展也需要激励机制、专业、资金等支持进而才能主动学习。

（四）构建多元评价，促进儿童与教师发展

学前融合教育中的评价不应该是为了评价某个儿童的，而是应该促进每个儿童的学习和教师的有效教学。因此，学前融合教育中，无论对特殊儿童还是普通儿童，其评价结果都不是标签，而是为了更全面地了解、支持所有儿童。为了更全面地了解，评价一定是系统的，不是以偏概全的。在评价的过程中，为了达到评估的科学性，这一评估应是提倡家长参与的、基于观察的行为评估。

（五）提升核心能力，促进教师专业化

学前融合教育的最大困境就是教师专业能力的提升。目前迫切需要既具有普通学前教育专业知识，又具备特殊教育专业素养的人才。基于此，应加大学前融合教育教师的培养。第一，在师范院校开设职前融合教育方向课程；第二，在职幼儿园教师增加职后融合教育理念、知识、能力的培训；第三，具备融合条件的幼儿园基于实践进行融合教

育的教研活动；第四，在地区设置专门的学前融合教育指导中心，定期培训并深入巡回辅导一线幼儿园教师。而对于学前融合教育师资的培养形式来说，高宽课程的主动参与式培训，在激发教师专业理念和专业认同感，发展教师专业能力和技能上，具有得天独厚的优势。

第二章　学前融合教育的发展

第一节　贫困地区学前融合教育

本节采用行动研究法，选择我国少数民族贫困地区，通过残疾儿童的安置、必要的学习和生活帮助、家庭帮扶支持，以及融合幼儿园的教师培训等，进行学前融合教育的实践与探索，发现贫困地区实施学前融合教育具有可行性，但在贫困地区实施学前融合教育也面临着诸多挑战。最后，笔者提出了贫困地区学前融合教育的发展建议。

一、问题的提出

近年来，随着社会的进步和国家文明程度的提升，融合教育日益得到党和政府的重视。2017 年，我国《第二期特殊教育提升计划》提出："以普通学校随班就读为主体、以特殊教育学校为骨干、以送教上门和远程教育为补充，全面推进融合教育。"融合教育（Inclusive Education）是指不要把障碍儿童孤立于隔离的、封闭的教室、学校、交通设施和居住环境之内，主张那些有特殊需要的儿童能真正地和正常发展的同伴一起参加学前教育、基础教育和高等教育，进而最大限度地发挥特殊需要儿童的潜能。2017 年，中华人民共和国国务院颁布的《中华人民共和国残疾人教育条例》提出，融合教育是指将对残疾学生的教育最大限度地融入普通教育。

研究发现，与隔离环境中的残疾儿童相比，融合环境中的残疾儿童更容易参与同伴互动，这对残疾儿童具有非常重要的影响。因为与同龄人的互动会减少残疾儿童的社交隔离，并让其获得社交、语言交流和学业技能提升的机会。例如，在自闭症儿童融合教育的研究中，纳米阿斯（Nahmias）等人发现，与单纯的自闭症儿童隔离机构或者综合性的隔离机构相比，融合教育环境中的自闭症儿童在进入小学时，能够获得更好的认知发展，特别是对于初级社交与情感技能较低的儿童。

从全国来看，我国融合教育的推动着重在义务教育阶段，以随班就读（Learning in

Regular Classroom）的形式展开，实施已 30 余年；目前也面临着资源分布不均，随班就读教师缺乏特殊教育相关的知识与技能，课程设置难以兼顾残疾儿童的心理与发展需求，无法体现因材施教的理念，影响着融合教育的实施效果。

学前阶段作为人生发展最重要的阶段之一。对残疾儿童而言，早期发现、早期干预，往往效果更好，并能减少衍生性伤害。世界卫生组织（World Health Organization，WHO）引用英国柳叶刀（The Lancet）医学杂志的研究：每投入 1 元于早期干预，可节省特殊教育 3 元的成本；3 岁前干预 1 年的功效是 3 岁后的 10 倍。足见早期干预的经济成本与效益。尤其是学前残疾儿童经过早期干预，能够降低残疾程度，防止二次伤害的发生，为其更好地融入社会，提高生活质量提供了可能性；普通儿童则能够在多元环境里不断获得经验，身心健康发展，消除残疾歧视，懂得感恩、珍惜幸福和乐于分享。

学前融合教育几乎是零起点，近年才受到广泛关注，相对来说缺乏务实的做法和经验，尽管国内理论探讨很多，也总结了些原因，如幼儿园的实施困难、师资培养滞后、宏观支持系统不完善等，但是从事相关研究者仍属凤毛麟角。许祖剑等人对我国学前融合教育从体制的困境、幼托机构的困境及家长的困境进行分析，强调教师的理念、专业能力有待加强，普特儿童家长的观念明显分歧，排挤现象时有发生，互不接纳，迫切需要专业和心理知识的支持。孙玉梅在针对幼教工作者的调查研究中指出，幼教工作者认为学前阶段实施特殊教育最需解决的问题依次为师资问题、设备问题、家长观念、教师观念、经费问题以及专设督导机构问题。李德彬认为实施学前融合教育投资少，可以减轻家长压力，能够有效促进孩子的康复和发展以及促进特殊儿童与正常儿童的双赢发展；而面临的困境是政府重视程度不够，各级部门缺乏统筹和配合，幼儿教师应对特殊儿童的教育技能有待提升，幼儿园压力大，以及家长对融合教育有所顾虑等。以上研究均显示，学前融合教育最迫切的问题在于师资，其他如家长观念、行政支持及督导也都亟待解决。

当前，各地积极开展残疾儿童融合教育实验，助推学前融合教育。本研究依托于“衣恋集善融合项目”，采用行动研究法，选择我国少数民族贫困地区，通过残疾儿童的安置，提供必要的学习和生活帮助、家庭帮扶支持，以及融合幼儿园的教师培训等，进行学前融合教育的实践与探索，以促进我国学前融合教育的健康发展，并为贫困地区学前融合教育的开展提供借鉴参考。

二、研究方法

（一）研究对象

本研究共选取了11所幼儿园，其中1所公立幼儿园，其余均为民办幼儿园；有4所在市区内，其余都在乡村。以上幼儿园中残疾儿童共23人，其中肢体障碍9人（脑瘫8人），听力障碍7人，言语障碍（实为自闭症）4人，精神障碍（自闭症）2人，视力障碍1人。男女比为16 ∶ 7；汉族20人，蒙古族2人，回族1人。

（二）研究方法

本研究主要采用行动研究法。行动研究法是指教师在教育教学实践中基于实际问题解决的需要，与专家合作，将问题发展成研究主题进行系统的研究，以解决问题为目的的一种研究方法。本研究针对参与项目的幼儿园所遭遇的困境以及幼儿融合所衍生的问题进行分析，并且提供解决策略，如教师增能培训和教育调整计划（Educational Adjustment Program，EAP），同时送教上门，为家长进行家庭教育与康复指导。具体包括：

1. 对残疾儿童进行安置与干预

合理安置残疾儿童是进行教育的重要一环，由于23名项目儿童中，需要康复训练的幼儿19人，占83%，因此除了解决他们的入学安置问题，项目组还与地方残疾人联合会合作，协调安排他们的康复训练。每所实验点幼儿园距离遥远，路上耗费的时间比实际指导时间长。在一年的指导过程中，限于实际情况的需要，除了在社交群中沟通外，项目组坚持入园指导。入园的做法有督促、支持、示范等作用，做法务实，受到幼儿园的信赖及欢迎。

2. 推广融合教育理念

为进一步推广融合教育理念，扩大影响，项目组面向全市公私立幼儿园老师、家长和特殊教育学校老师、普通学校资源教室老师，各试点幼儿园进行讲座、座谈和研习。其中，在对以上人员以及机构的指导中，相同的是老师的培训、听评课及送教上门；不同的是针对每一个残疾儿童的特点，制定个别化教育计划；由于各幼儿园所采用的教材不同、教学方法各异，课程所需要调整或改变的部分也不相同；幼儿的家庭环境及社区资源也有很大的差异，如何就地取材、运用社区资源对孩子在生活中进行康复训练或生活自理能力培养也是项目的指导重点。

融合教育理念的推广，还需要提高园长、老师对残疾儿童的接纳度。由于项目组对幼儿园没有实际行政管辖权，无法要求幼儿园和老师配合，教育行政机关也鞭长莫及，因此存在幼儿园“应付”的状况。某些幼儿园老师把残疾儿童“晾”在教室的角落，并没有让孩子真正融入学习、融入生活。还有部分老师埋怨残疾儿童给班级管理造成不便，无法有效改善孩子的情绪行为，导致残疾儿童的适应力差，班级参与度也不高。

3. 对老师进行专业技能培训

融合教育必须保障普通儿童与残疾儿童双方的最大受教育权益，即老师在教学中既不能降低普通儿童的教育质量，又必须满足残疾儿童的教育需求，这需要老师同时具备普通教育与特殊教育的基本知识和能力，对老师的专业性提出了非常高的要求。为提高教师的专业技能，除了倡导融合教育理念，项目组还聘请专家学者分享“融合幼儿园特殊儿童问题行为的预防与干预”“幼儿的感觉统合训练”“融合绘本在学前教育中的应用”等平时在幼儿园中也能运用的技能、方法，以提高教师学习的兴趣及专业水平。

三、研究结果

（一）残疾儿童的变化

项目实验点位于国家级贫困县。在经过为期一年的干预之后，孩子的变化极为明显，原本活动范围只在炕上的脑瘫孩子已经能够独立在教室走两圈，并且中途不停；不敢走楼梯的孩子能自如地上下楼梯；脑瘫孩子经过锻炼，提高了患手使用率，促进了血液循环，现已能用原本冰凉的患手拿水招待客人，参与部分精细动作活动；踮脚尖走路的孩子能平稳地走路；语言障碍的孩子能开口或使用手势表达需求；听障孩子的语言也由两个字的名词到短句，再到能表达需求并理解生活常用语的意义，发音逐步清晰；自闭症的孩子能有短暂的眼神对视，能拉老师的手指着想要的东西并发出单音。孩子们的进步让家长看到了希望，增强了家长对孩子进行教育干预的信心。

（二）普通儿童的变化

在自然情境中，没有老师的教导，普通儿童也能观察特殊儿童的需要，进而协助他们。如孩子们进行户外活动会想着带上行动不便的特殊儿童及他们的助行器；会主动留意自闭症孩子的去向；对语言理解不够的听障儿童，会协助老师重复说明，或以动作、肢体协助他们理解语义。普通儿童在融合环境中表现出较好的性格，能主动照顾别人，设身处地为别人着想，能够体谅别人及宽容他人。

（三）教师与家长的态度转变

通过讲座、社交群（微信群）交流等，教师与家长的距离变近了。微信沟通交流、传递信息、搜集照片视频等数据、材料，分享文章、教学方法、分享经验等，教师与家长提供了交流的便利性，打破了距离的限制。同时，彼此有类似经历的家长通过交流，彼此鼓励，相互支持，得到了心理上的慰藉，并对融合教育产生了信心。研究也证明，家长配合度高，孩子的康复效果十分明显；幼儿园关注度高的、教师用心的，残疾儿童对融合教育适应得较好也较快，班级互助较频繁。

总体来看，贫困地区学前融合教育具有实施的可行性，主要体现在以下几个方面：融合教育中残疾儿童早期干预的效果比较显著；幼儿园课程与生活密切相关，残疾儿童的能力在自然使用过程中得到提高；幼儿园没有课业压力，具有实施融合教育的优势，且环境提供了自然情境，残疾儿童在自然情境中学习并成长；普通儿童的可塑性极强，及早融合让普幼孩子体验人的多元性，残疾儿童则能提早适应主流社会。本研究的实施结果，能对学前融合教育起到引领示范作用，特别是对推进偏远乡镇或贫困地区学前融合教育，具有重要的借鉴参考价值。

四、贫困地区学前融合教育的挑战

贫困地区学前融合教育的实施过程中也存在许多障碍，面临诸多挑战。

（一）教师专业能力有待提升

融合教育中，普特儿童共同愉快地生活与学习，依赖于教师对环境的创设和融合氛围的营造，然而教师的课程调整能力和活动设计的专业能力有限，无法让每一个孩子都能参与到活动中。项目组在进行行动研究的过程中也发现，越是贫困的地区，教师、家长越重视孩子的写字能力、背诵能力，幼儿园教学的小学化现象严重，亟待改善。实际上，写字是一个人精细动作能力的体现，与他人无关，不需要互动，如果教学内容仅止于写字，那就限制了幼儿间交流的机会，极大地阻碍了融合教育的推进。

（二）家长观念落后

本研究试点幼儿园位于中国疆土的偏远贫困地区，家长观念仍停留在幼儿必须学习写字、拼音上，选择幼儿园的标准也以教孩子写字、拼音为主，大大阻碍了幼儿园正常课程的开展，民办幼儿园碍于招生的压力，不得不妥协。

（三）园长、老师缺乏融合教育的理念

园长、老师缺乏融合教育的理念，阻碍了融合教育的发展。我国城乡差距较大，本研究最大难点就是让幼儿园园长和老师接受残疾儿童入学的现实。由于他们对残疾儿童不了解，加上残疾儿童在课堂上给班级管理和教室常规造成困扰，老师的特殊教育专业技能不足，没有适当对策，又得不到各种有效的支持和资源，致使老师对残疾儿童入学非常抗拒，园长也会拒收残疾儿童入学，因此孩子们入学难的问题尤为突出，这种现象以公立幼儿园最为严重。现阶段，幼儿园数量仍供不应求，因此幼儿园对入学的幼儿层层把关、过滤，一般以“抽签”方式入学，甚至举办“入学考”。加上三孩政策开放，残疾儿童也随着基数扩大而增加，预估这种情况在未来几年会更加严重。加之融合教育理念尚未得到普及，以上原因都是推动学前融合教育的绊脚石。

（四）大环境的支持不够，条件不足

由于对学前融合教育的支持力度不够，实施融合教育的条件不足，因此幼儿园能获得的资源有限，如财政支持力度、环境改善、教师培训等。并且，各相关主管机关的职能不同，所掌握的资源各异，因此掌握的数据差异大，在管理对象多有重叠的情况下，常造成“多头马车”或“三个和尚没水喝”的窘境，亟待整合，以提高效能。

五、贫困地区学前融合教育的建议

（一）大规模培训融合教育教师，提升教师的融合教育教学技能

融合教育顺利实施的关键在教师。融合教育要求特殊教育与普通教育的技术和方法相互渗透，共同满足学生多样化的教育需求。这意味着对教师的要求发生变化，它需要特殊教育教师具备普通教育能力，更需要普通教育教师具备特殊教育的知识与技能。因此，应对实施融合教育的教师进行培训，提升他们的融合教育教学技能。国家可在国培、省培等教师培训项目中纳入融合教育教学技能的模块。

（二）在师范类专业中开设特殊教育必修课

我国现阶段师范院校的学前教育和特殊教育师资培养体系彼此独立，培养的学前和特教师资并不具备实施学前融合教育的能力。我国高等师范院校要主动适应融合教育发展的趋势和我国特殊教育的实际需求，转变人才培养观念，改变以往特殊教育教师和普通教育教师各司其职的独立培养模式，将二者紧密结合起来。笔者认为应在师范类专业

开设特殊教育必修课，使广大师范生了解各类残疾儿童身心发展特点及他们的特殊需求，以将来更好地开展融合教育打下基础。

（三）加强学前融合教育理念的宣传

学前融合教育的实施需要良好的舆论氛围，离不开幼儿园、教师以及普通儿童对残疾儿童的接纳。学前融合教育的宣传，应积极通过电影、电视或网络等媒介，借助儿童节、助残日等宣传和推广学前融合教育的理念，让更多的人接受并认可学前融合教育，进而促进学前融合教育的健康发展。

第二节　学前融合教育中的家园共育

学前融合教育可以在很大程度上促进幼儿语言能力和社会技能的发展。但是当前我国学前融合教育对于家园共育的认识存在片面性，缺乏必要的发展条件，社会支持体系也不够完善，所以更需要从教师专业素质提升的角度对家园联系工作进行完善，为幼儿提供更完善和有效的家园合作环境。只有这样，才能为家园共育发展提供有效帮助。为此，本节将对新时期学前融合教育中的家园共育问题进行研究。

学前融合教育指的就是特殊儿童和普通儿童在幼儿园发展中所接受的教育安置形式，意在为广大特殊儿童提供一个正常的非隔离性教育环境。在融合的环境下，特殊儿童的语言能力和社会意识将得到显著地发展，从而实现对特殊儿童潜能的发挥。学前融合教育的发展需要借助教师、家长和社会的共同支持与帮助。此外，幼儿园中的普通儿童也需要对特殊儿童进行积极接纳，只有这样才能确保学前融合教育得到更显著的发展。而融合教育中的家园共育，不仅需要家长和幼儿园重视融合教育工作，还要双方具备开展融合教育的能力，最终借助不同方式对融合教育发展提供有效帮助。

一、当前学前融合教育中家园共育发展状况和主要问题

根据相关调查，我国学龄前残疾儿童有 140 万人左右，并且每年都在以 20 万人的速度增加。因为很多家长不承认甚至不愿意面对自己孩子的身心发育障碍问题，所以真正需要开展特殊教育的幼儿数量可能要比这一数字更为庞大。特殊儿童指的就是患有自闭症、唐氏综合征、言语障碍、脑瘫等多种类型疾病的儿童。这一儿童群体需要在最短时间内得到有效医疗、教育和康复指导等。学龄前儿童由于自身神经系统并没有得到正

常发育，因此有着较强的可塑性，在普通儿童和社会的刺激下，对特殊儿童进行有效教育指导和干预往往可以取得较为显著的教学效果。作为一个特殊群体，特殊儿童不仅会给家庭造成表达的压力，而且也会让学校和社会产生较为沉重的心理负担，特别是当前，受到广大教学工作者认识不全面，社会对于这项工作的重视程度也比较有显著的影响，学前融合教育中家园共育水平较低。

（一）家长、教师和社会缺乏对学前融合教育的正确认识

在相关研究中发现，很多特殊儿童的家长对于融合教育保持积极的态度，认为特殊儿童在此种教育环境下可以得到更大的进步和发展，并且希望特殊儿童充分利用时间，在普通儿童班级中接受相应的教育。虽然如此，特殊儿童家长在对儿童教育的认识上仍然存在问题。也许家长具备一定的理论知识，但是由于过分紧张或焦虑，教育方法不科学，甚至一些家长无法正确面对特殊儿童存在的问题。学前融合教育的主要执行者是幼儿园教师，虽然教师具备较强的专业性，对融合教育也要保持积极信念，但是很多教师对于融合发展的前景和自身教育能力始终存在迟疑态度。幼儿园管理人员也因为自身教育发展条件不足，往往对学前融合教育存在消极态度。此外，很多正常儿童的家长过分担心自己孩子，害怕特殊儿童对自己的孩子产生负面影响，所以特殊儿童在普通儿童班级中的学习并不能得到有效认同。

（二）幼儿园的融合教育条件有待提升

幼儿园管理者虽然在近年来的教育发展中逐渐认识到了特殊教育的重要性，并且对特殊儿童教育的积极性也在不断提升，但是现实条件对于工作的影响仍然比较深远。幼儿园在开展融合教育的过程中往往需要投入更多的经济成本和人力资源，不仅要保证配备专业的工作人员，设置特殊课程，还要为特殊儿童创设相应的教学环境。这都是当前幼儿园融合教育需要解决的主要问题。对于教师而言，由于自身对特殊儿童教育的专业知识和经验并不丰富，在开展融合教育和家园共育的过程中经常会出现力不从心的感觉，教学效果的提升也受到较大影响。此外，幼儿园融合教育工作的开展也需要得到家长的配合，而正常儿童家长对于幼儿园特殊儿童的招收大多都持反对意见，特殊儿童的家长也很难对自己孩子的特殊问题进行正确理解。这对于幼儿园教育工作的开展必然会产生一定的影响，导致幼儿园无法在外部环境中得到必要的支持。

二、对学前融合教育家园共育进行推进的相关对策

特殊儿童学前融合教育中的家园共育需要幼儿园和特殊儿童家庭、普通儿童家庭进行有效合作，在创设有效教学环境下，借助不同的教学手段对特殊儿童进行引导。只有这样，才能帮助特殊儿童在幼儿园教育中得到更积极地发展。

第一，对幼儿园教师的专业素质进行提升，强化幼儿园和特殊儿童家庭和普通儿童家庭之间的交流

开展学前融合教育中的家园共育，最重要的条件就是要有专业的教师进行教学指导。幼儿园教师在教育工作中不仅需要建立起健全的教育观念、儿童观念和评价观，还要对特殊儿童开展的各项教育活动进行有效应用。只有这样，才能保证将特殊儿童和教育的各项专业知识有效传达给家长，并引导家长提升自身教育水平，这对于学前融合教育的发展和水平提升都将起到显著的积极作用。在此种背景下，幼儿园还要加强对多元化沟通机制的创设，这样特殊儿童的家长才能更全面和准确地认识孩子的实际情况，在双方达成教育共识的基础上开展必要的教育和引导。此外，幼儿园还应该引导普通儿童和家长接纳特殊儿童，这样才能为学前融合教育提供更健康和完善的外部支持环境。

第二，创设良好的学前融合教育环境，确保家园共育得到更大的支持和帮助

特殊教育要想得到正常开展，就需要教育工作者为特殊儿童创设一个更完善的发展环境，从而引导和帮助特殊儿童更好地融入正常社会生活。所以，学前融合教育首先需要在社会中建立起一种更包容和开放的教育观念，将对特殊儿童的接纳作为社会文明进步程度的衡量标准，从而创设一个具备人文关怀的思想教育环境。幼儿园在实际发展过程中也要积极分析和了解特殊儿童家长和普通儿童家长对特殊融合教育的态度，从而引导特殊儿童家长对儿童问题进行正确理解，尽可能消除普通儿童家长的思想顾虑，引导和鼓励特殊儿童家长参与到幼儿园开展的活动和教育中。在此种基础上，幼儿园还可以进一步扩展融合教育的参与对象，比如将社区支持融入家园共育中，通过这种方式加大特殊儿童教育的舆论宣传力度，对特殊儿童和普通儿童家长进行正确的引导，实现对学前教育融合教育认知水平的提升，进一步强化家长对这项教育工作的关注程度。

第三，建立学前融合教育家园融合的信息化平台，有效分享家园共育的经验

学前融合教育中，家园共育要想得到更大的发展，就需要建立起完善的信息网络平台，从而通过特殊儿童及其教育情况开展更为细致的研究和分析。在这一过程中，幼儿

园和家庭也要对典型问题进行有效分析，不断获取优化这项教育的合理对策和方法，实现对融合教育家园共育工作质量的全面提升。幼儿园在实际发展中需要对融合教育理论学习进行经验的总结和吸收，通过这种方式为特殊儿童在正常社会中的发展提供更合理的帮助与支持。

综上所述，在近年来社会稳定发展的背景下，幼儿园教育工作也受到了更大的关注和重视，特殊教育中的家园共育问题也逐渐成了人们关注的重点问题。特殊儿童本身具备较强的特殊性，因此无论是幼儿园、家长还是社会都需要为其提供更合理和有效的成长环境。通过本节的研究，希望相关教学工作者对这一问题有着更为正确的理解和认识，从而在幼儿园教育工作中更好地融入特殊教育，推进家园共育教学工作的合理开展，积极引导和帮助特殊儿童在社会中的发展和进步。

第三节　学前融合教育人才的培养

一、问题的提出

随着我国经济文化水平的不断提升及特殊教育观念的不断成熟，早期干预受到越来越多人的重视。早期干预的主要对象是0~6岁有特殊教育需求的各类残疾儿童，也就是我们所说的学龄前特殊儿童。如何对其进行恰当的教育安置并使之受益于教育干预，是早期干预的核心议题。纵观世界各国的做法，众多国家都在利用已有的普教学前体系大力推进学前融合教育的发展。学前融合教育作为融合教育体系的重要组成部分，能够为特殊儿童提供非隔离的教育环境。从时间顺序上看，学前融合教育是特殊儿童接受教育的开端，重要性不言而喻。学龄前融合教育水平的提升，不仅有助于特殊儿童的发展，而且有助于尚未形成残健差异观念的正常儿童了解特殊儿童，接纳特殊儿童，为未来我国社会残疾人观念的进一步提升，打造残健融合的和谐社会打下坚实基础。

近年来，我国颁布实施了多项促进学前融合教育发展的利好政策，其中《国家中长期教育改革和发展规划纲要》明确指出要“因地制宜发展残疾儿童学前教育”。《第二期特殊教育提升计划》指出，“支持普通幼儿园接受残疾儿童。在特殊教育学校和有条件的儿童福利机构、残疾儿童康复机构普遍增加学前部或附设幼儿园”。这些利好政策为学前融合教育的发展提供了重要支持。但是，学前融合教育是一个复杂的议题，仅仅在物理空间上把特殊儿童简单放置在普通幼儿园不能叫作真正的融合。真正的学前融合教育需要基于特殊儿童的融入需求，对课程设置、教学策略等教育实践进行调整，构建融合教育支持系统，这样才能为幼儿提供适合其发展的教育与康复服务。在这一过程中，学前融合教育专业人才的发展水平高低是决定学前融合教育能否成功的关键因素。

2018 年 9 月 10 日，习近平总书记在全国教育大会上提出，高校要“着重培养创新型、复合型、应用型人才”。地方应用型师范院校在人才培养方面注重培养学生的实践能力，与我国目前倡导的高校教育政策相契合。毕业生是一线融合教育幼儿园应用型人才的重要来源。因此，探究在地方应用型师范院校构建学前融合教育专业人才培养体系，不仅可以践行国家倡导的高校教育政策，还可以为融合幼儿园提供大量专业人才，能够从源头上解决学前融合教育专业人员数量不足、专业化水平低等问题。

二、学前融合教育人才培养现状

随着融合教育理念的不断推进，国家出台各类政策为融合教育的开展保驾护航。2012 年，教育部等多部委下发的《关于加强特殊教育教师队伍建设的意见》中明确指出，要“培养师范生具有指导残疾学生班就读的教育教学能力”。2015 年，教育部颁布了《特殊教育教师专业标准（试行）》，为特殊教育教师的专业成长制定了标准化体系，其中在专业能力一项要求特教教师应具备“与普通教育工作者合作，指导、实施随班就读工作”的能力。相较于国家政策层面的支持及一线学前融合教育的庞大需求，我国开展特殊教育人才培养的高校数量并不多，开设专门培养融合教育专业人才的地方应用型师范院校数量更少。

李伟亚在对 269 名幼儿园教师进行调查后发现，特殊儿童在普通幼儿园开展的各类课程和活动中参与程度低、参与质量差，如何保障“特殊儿童在普通幼托机构接受有质量的学前教育是学前融合教育领域亟待解决的问题”。该研究从实际层面展示了学前融合教育专业人才在数量上的短缺及在质量上的不足，也从侧面暴露了我国学前融合教育专业人才培养的短板。融合教育在多数高校仅作为一门课程开设，并没有系统化的教学规划，根据年龄层次开设专门的学前融合教育课程的学校更是寥寥无几。在我国，虽然融合教育的相关理论和实践研究层出不穷，但是学前融合教育专业人才培养不论在理论研究还是实践操作上，都处于初级探索发展阶段。除此之外，我国的特殊教育体系还存在重义务教育、轻非义务教育阶段的问题，其中就包括学前教育阶段。这种状况加剧了特殊教育人才培养的不均衡发展。

三、地方应用型师范高校学前融合教育人才培养探索

2015 年，教育部等三部门印发了《关于引导部分地方普通本科高校向应用型转变的指导意见》，明确了地方应用型高校为区域经济社会发展服务的办学思路。作为地方应用型师范院校，在进行学前融合教育人才培养时应结合自身的办学特点，注重学生未来的就业能力，以培养应用型技术技能型人才为目标，承担起最大限度地缓解区域内学前融合教育实践专业人才匮乏的责任。下文将从课程体系和培养体系的构建等方面对地方应用型师范院校学前融合教育人才培养的相关内容进行探讨。

（一）坚持产出导向，加快学前融合教育专业标准建设

2017 年，教育部印发的《普通高等学校师范类专业认证实施办法（暂行）》提出，在评价师范类专业人才培养质量时，应以师范生的学习效果为导向。在学前融合教育人才培养过程中，课程体系的建设对人才培养的质量起决定性作用。因此，在学前融合教育课程体系的构建过程中，应坚持产出导向的原则，根据学前融合教育实践对专业人才专业素养的要求，调整课程体系建设的方向，这样才能确保培养出来的专业人才满足学前融合教育实践的需求。2015 年，我国颁布的《特殊教育教师专业标准（试行）》将特教教师应具备的专业素养划分为三个维度：专业理念与师德、专业知识及专业能力。该标准明确了怎样才能成为一名合格的特教教师，为师范类高校建设特殊教育课程体系提供了发展方向。但是，相较于其他年龄段的特殊学生，学龄前特殊儿童存在发展变化快、对成人依赖性强等特征，且学龄前正常幼儿对成人的照护需求远高于学龄期的儿童、青少年。此种状况对学前融合教育人才的专业素养提出了更高的要求。因此，加快学前融合教育教师专属专业标准的出台就显得尤为迫切。

（二）加强在普教学前专业中增设特教相关课程的探索

专业复合性是学前融合教育人才的核心特征。专业复合性不仅要求教师具备普通儿童教育的全部知识体系，还要具备教育特殊儿童的相关专业素养，这对学前特殊教育人才培养提出了更高的要求。黄建辉在对美国融合教育专业人才培养体系进行研究后指出，近年来美国因普通教师无法适应融合的教育环境，其“教师教育体制正逐渐从二元并列朝一体化方向发展”，也就是说改变之前普教和特教单独设立不同课程的状况，从课程设置上进行改革以适应融合教育的发展。2009 年，美国特殊儿童委员会在修订特殊教育教师任职资格标准时，特别对教师的“合作意识和能力”提出了要求，并将“提

升学生在学校和社区的融合”作为教育目标。2017 年，我国出台的《第二期特殊教育提升计划》提出:“鼓励有条件的高等学校加强学前、普通高中及职业教育的特教师资培养。普通师范院校和综合性院校的师范专业普遍开设特教课程。在教师资格考试中要含有一定比例的特殊教育相关内容。”该政策的出台大力推动了融合教育包括学前融合教育的发展，也为学前融合教育专业人才职前培养提供了方向。

王建、全晓燕提出，我国学前教育专业学生特殊教育能力培养存在职前培养体系中普通教育与特殊教育的二元分割。融合教育是未来学前特殊教育发展的大趋势，在学前普教专业中增设特教相关课程，首先能够在短时间内培养大量具有一定程度特教理念的幼儿教师，缓解学前融合教育的现实需求压力。其次，从实践角度来看，学前融合教育要求普教教师和特教教师相互协作，共同为班级中的儿童提供差异化教学，满足特殊儿童多样化的学习需求。最后，可以让学前普教教师在未来与特殊教育专业人员协作时更加顺畅，增加普教教师对特教相关干预措施的理解度和执行度。

（三）增加实践教学比重

学前融合教育涉及多方参与者，包括学校普教教师、政府和学校的各级各类行政人员、特殊教育教师、各类康复治疗师及学生家长等。要做好学前融合教育，不仅要求教师有很高的特教专业素养，还要求教师有极强的沟通和协调能力，才能处理好融合教育中遇到的各类问题和挑战。而且，相较于普通教育，特教教育对象的个体差异性很大，这一点在特殊儿童身上体现得更加明显，不同障碍类型的儿童有着不同的特点，相同障碍类型的儿童有着不同的需求，仅靠课堂上学习的理论知识无法很好地对特殊儿童实施行之有效的教学。这就意味着学前融合教育对教师的实践能力有着更高的要求，在课堂中所学的理论知识，需要实践的深化才能真正转化成处理教学问题的能力。再加上，地方应用型师范院校是以培养创新应用型技术技能人才为目标的，重视实践教学，增加实训实习时长，加强实训实习指导，增加实践教学比重，提高实训实习质量，与办学定位相符合，也与学前融合教育发展的现实需求相符合。

（四）积极承担学前融合教育专业人才的职后培养任务

早在 2012 年，我国就出台了《幼儿园教师专业标准（试行）》简称（《标准》），但在此标准中并未对学前幼儿教师的融合教育专业素养要求进行有效的规范。在实践中，一些承担学前融合教育工作的教师并不具备相关的特殊教育专业知识和专业技能，不能对特殊儿童进行行之有效的教育。也就是说，我国不仅缺乏学前融合教育人才，已有的正在承担学前融合教育任务的教师质量也堪忧。在此种现实下，加大幼儿教师融合教育相关知识的职后培养力度显得尤为重要。为区域发展服务是地方应用型师范院校的重要使命之一，而且地方应用型师范院校具有现成的师资和场地作为教学和科研的区域中心，理应积极承担起区域内学前融合教育专业人才的职后培养重任。地方应用型师范院校应积极配合当地教育部门，探索多种职后培养方式，比如将在校生的职前实训实习与当地融合幼儿园教师的职后培养有机结合，从而形成学前融合教育专业人才职前职后体系。

地方应用型师范类院校在开展学前融合教育专业人才培养时，应注重结合地方应用型师范院校的特点，不断深入对学前融合教育专业人才培养的研究，推动学前融合教育职前职后培养体系的革新，促进一线学前融合教育教师专业素养的提升，加速学前融合教育优质园的创建，为满足广大特殊儿童对优质融合教育的需求，解决特殊儿童教育安置难的问题，做出应有的贡献，并进一步践行教育公平的理念。

第四节　学前融合教育教师的角色意识

学前融合教育教师的角色意识不仅影响教师的自身发展，还影响学前儿童的健康发展。本节在分析学前融合教育中教师角色的基础上，通过观察学前融合教育活动中教师对角色的理解、教师行为及语言表现，发现一些新手教师在融合教育教师的角色意识上仍有很大的提升空间，建议通过提高融合教师的专业自信、一对一结对子机制及教师自我反思，提升学前融合教育教师的角色意识，促进教师的专业发展，以利于学前融合教育的有效开展。

学前融合教育是指有特殊需要的 0 ~ 6 岁学前儿童能真正地和其他正常发展的同伴一起接受学前教育机构的保育和教育。2014 年 1 月 8 日，国务院转发的《特殊教育提升计划》进一步明确提出，要全面推进融合教育，支持普通幼儿园创造条件接收残疾儿童。教师的角色意识既包括教师对其角色的理解与认知过程，也包括这种认知与理解的结果。因此，融合教育中教师的角色意识不仅影响特殊需要儿童及普通儿童的健康发展，还影响教师的自身专业发展。

一、学前融合教育教师的角色

融合教育教师是指能够在普通课堂中应对多样化儿童需要包括特殊儿童需要的教

师，这样的教师既有普通教师的素养，又能开展特殊儿童的教育工作。因此，在融合教育活动开展中，教师具有多重角色。

其一，特殊教育需要儿童所需环境的创设者。学前融合教师应积极创建温馨的园内及室内环境，最大限度地满足特殊需要儿童的多样性需要。教师需要考虑到特殊需要儿童的发展差异，为其创设易于理解的环境。对于语言发展障碍的儿童，园内、教室内应设置一些图片标志作为指示及说明，以利于特殊儿童的理解。拿点心、倒牛奶的操作顺序，及进入教室换衣服的流程都可用图画形式表现出来，用具体化的流程图帮助特殊需要儿童理解一些生活常规。

其二，特殊教育需要儿童的陪伴者。在幼儿园里，特殊需要儿童最熟悉、接触最多的人就是教师。教师的陪伴是对特殊需要儿童最好的教育。让他们获得心理上的安全感，他们才会有进行其他游戏行为的需要。对于一些情绪和行为很难自控的儿童，教师应陪在他们身边，让他们在教师的视线之内和行为干预的范围内。教师随时关注幼儿的行为指向，善于捕捉幼儿的闪光点，及时对幼儿进行有效地引导。

其三，特殊教育需要儿童行为的支持者。学前融合教育教师在制定活动的教育目标时，要充分了解每一个儿童，能为不同的儿童制定个别化的教育、教学计划和安排相应的活动，让每一个儿童都成为活动的受益者。在活动中，教师要避免标签效应，要充分发挥幼儿园一日生活常规的价值与功能，用自身的言行，润物细无声地鼓励儿童共同参加活动。

其四，特殊教育需要儿童和普通儿童之间的桥梁。在融合教育中，学前融合教育教师要创设情境引导特殊需要儿童和普通儿童进行有效地互动。因为这种互动是不会自发出现的，因此需要教师通过活动设计发挥桥梁作用。教师需要全面了解特殊需要儿童现有发展水平及兴趣来组织活动，让特殊需要儿童在活动中建立自尊，树立自信。

学前融合教育教师需要明确自身在融合教育中的角色，让特殊需要儿童在幼儿园活动中建立起自信，同时让普通儿童学会关心他人及团结互助，从而使幼儿园班内形成平等互助的温馨氛围。

二、学前融合教育教师角色意识的现状

学前融合教育教师的角色意识会影响其在融合教育活动开展中的表现，进而影响融合教育开展的效果。教师的成长要经历一个过程，融合教育教师的角色认知会在与特殊儿童接触中通过对其态度、行为与语言具体表现出来。笔者在 S 市部分融合幼儿园的观

摩活动中，发现学前融合教育教师的角色意识仍有很大的提升空间。

首先，融合教育教师对角色的理解。在幼儿园中，对普通儿童而言，他们模仿的主要对象是教师，所以教师可以通过自身的改变来改变更多人。一次研讨活动中，笔者曾观看过一段演出视频：一个融合班自闭症小朋友与其他小朋友及教师共舞，舞台上每个人都洋溢着愉悦的笑容，感染了在场的每一个人。观看视频的每一个人都被教师的爱和特殊儿童的成长深深地感动了。

融合教育教师对特殊需要儿童的情感态度是幼儿园重要的隐性环境，会影响园内其他儿童情感判断。融合教育中对特殊儿童的接纳需要从每一位教师开始，让教师的改变影响更多人。

其次，融合教育教师角色认知的行为表现。熟练型教师基本上目标明确，在集体活动中也能兼顾幼儿的特点及个体差异。新手教师对特殊儿童行为控制很多。在幼儿集体做操时，部分教师抓住特殊儿童的双手，跟着其他幼儿一起做动作，特殊儿童只能被动地接受。在集体活动中，如果教师一味地让特殊儿童被动式地开展集体活动，最终只会让特殊儿童对集体活动失去兴趣。所以在集体活动中，教师不要太注重参与的形式及做操动作的标准，特殊需要儿童只要能跟随音乐自由跳动，体验到集体活动的乐趣，就是活动最大的收获。

融合教育教师行为的适宜性对特殊儿童的成长至关重要，特殊儿童的一些反抗行为一定有原因，需要教师认真观察和分析，并认真地反思自己的行为。

再次，融合教育教师角色认知的语言表现。融合幼儿园内大多数教师都能用适当的语言与特殊儿童进行语言互动，让特殊儿童体验语言和情感的一致性。但也有个别融合教师存在语言不适宜的问题，如一位教师一直用非常严厉的语气与特殊儿童互动。后来问及该教师为什么用如此语气与特殊儿童互动时，原来特殊儿童的妈妈说在家里只有用严厉的语气和她说话，她才会听。特殊儿童是有回应了，但这样的回应不是来自对其他人的语言理解，而是来自他人的语言威胁。融合教育教师的角色意识建立需要一个过程，但只有对自身角色进行正确理解并在活动开展中通过适宜的语言和行为表现出来，及时反思自己的角色实践，才能更好地完善自我，促进学前融合教育的有效开展。

三、学前融合教育教师角色意识的提升建议

学前融合教育教师的专业化发展有利于融合教育开展，可以更有效地促进特殊儿童的发展，给特殊儿童提供更好的学习支持。目前，融合教育教师尤其是新手教师，在融

合活动中的角色意识仍有很大的提升空间。

提供融合教育的经典案例，加强融合教育教师的专业自信。特殊教育需要儿童的成长和进步是缓慢的，教师对特殊教育需要儿童的情感支持是至关重要的。只有树立起专业自信，教师才会进行独立判断，免于被家长一些不当认知所影响，才会对自己设定的活动方案充满自信，才能耐心地静待特殊儿童的绽放。如各地区的特教中心可以编辑经典案例集，在教师培训中播放或进行经典案例分享交流；融合幼儿园园内，也可以定期举行分享交流活动，如果融合教育教师的角色认知。

幼儿园建立“一对一”结对子机制，熟练型教师带动新手教师。国外相关的研究表明，教学常规内容是可以在短期内培训获得或通过观察获得。但教学策略的运用需要一个长期的过程，新手教师通过观察并不能掌握熟练型教师或专家型教师策略运用时机及类型。融合教育幼儿园可以建立“一对一”结对子机制，让熟练型教师帮助新手教师快速成长。如把熟练型教师的工作视频录制下来，熟练型教师在分析自己行为时要说出行为背后的原因。通过一段时间的分析，新手教师就可以逐渐掌握融合教育中对特殊需要儿童的教学支持策略，进而更好地认知融合教育中教师的角色，有效开展学前融合教育活动。

教师积极进行自我反思，成为一名“反思的实践者”。学前融合教育教师对与其专业活动密切相关的知识、信念的获得及提升，主要依赖于学前融合教育教师个人的“反思”与“建构”。教师通过对其教学过程和行为不断反思来获得专业上的提升，在此意义上，教师是“反思性实践者”。特殊儿童的发展变化是微乎其微的，但教师必须及时对这些变化给予价值判断。学前融合教师的角色认知更多的也是来自自身的反思和建构，如通过运用学习故事评价方式，在融合教育活动中发现特殊教育需要儿童成长的点滴，让教师和家长对特殊需要儿童的发展充满信心，并适时调整活动目标，及时进行自我反思，使自己成为一名反思性的实践者。

融合教育就是用合作取代竞争，普通儿童在融合活动中受到教师的引导，认为接纳和帮助特殊儿童是很自然的事情。融合教育的理念就是要接纳每一个孩子，关注每个孩子的成长，融合教育教师则是这一理念的践行者。期望未来的融合教育教师都成为融合教育的智慧实践者。

第五节　学前融合教育与社会工作的介入

目前，人们对学前融合教育在认识上有误区，学前融合教育还缺乏相应的社会保障等问题。社会工作的介入能为学前融合教育提供专业价值观、优势视角及专业方法与专业技能。社会工作的介入包括个案社会工作的介入、团体社会工作的介入及社区社会工作的介入。社会工作的介入有利于弥补学前融合教育中存在的缺陷与不足，能有效提升教育对象的能力。

学前融合教育就是根据特殊儿童的学习能力和学习需要，将他们与普通儿童一起安排在普通幼儿园接受教育。

将特殊儿童安排在普通幼儿园接受教育，而不是将他们安排在传统的隔离式的特殊机构学习，目前已成为一种世界潮流。但我国在融合教育方面的发展水平并不高，并且发展的速度较缓慢。鉴于此，我们应在借鉴先进经验的基础上加强特殊教育中的社会工作，为建构一种符合我国国情的学前融合教育的模式探索一条可行的路径。

一、我国学前融合教育中目前存在的主要问题

（一）对学前融合教育存在认识误区

其一，家长在认识上有误区。一般来说，一些家长在看到自己的孩子有缺陷时，就只想到应把孩子送到特殊教育学校。他们担心孩子在普通幼儿园会受到更多的伤害。部分家长甚至认为，特殊儿童接不接受正规的学前教育无所谓。这些错误认识对特殊儿童接受学前融合教育产生了严重的不利影响。

其二，教师在认识上有误区。目前，许多幼儿园对学前融合教育还没有形成正确的认识。尽管我国开展“随班就读”项目已有很多年的历史，但在幼儿园开展融合教育的时间还不长，加上缺乏宣传，很多幼儿园对学前融合教育的认识不足。

（二）学前融合教育缺乏社会保障

目前，在推进学前融合教育的过程中，我国政府还缺乏责任意识。和其他国家相比，我国政府对学前融合教育的支持力度还不够。我国各级政府还都没有为学前融合教育设立专项经费，北京、上海等一些经济发达城市的发展还有保障；至于其他地区，尤其是西部不发达地区，发展就极为缓慢。且缺乏社会保障。

二、社会工作在学前融合教育中的作用

首先，社会工作能为学前融合教育提供专业价值观。社会工作价值观是指一整套用以支撑社会工作者进行专业实践的哲学信念。社会服务工作介入，能够优化每一个特殊儿童的成长环境，满足每一个特殊儿童生存和发展的需要。

其次，社会工作能为学前融合教育提供优势视角。“优势视角”是社会工作领域的一个基本概念。作为社会工作实践的一种新模式，它强调对个人、家庭和社区资源的挖掘。它着眼于个人的优势，是以利用和开发人的潜能为出发点设法协助被服务对象，使之从挫折和不幸中解脱出来，从而帮助被服务对象实现其理想的一种思维方式和工作方式。因此，社会工作者的任务就是要充分挖掘特殊儿童自身的潜能，动用一切社会条件对特殊儿童进行援助，以使其能积极地参与到幼儿园的各项学习和活动之中，使他们从中获得社会的理解、支持和公平对待。

最后，社会工作能为学前融合教育提供专业方法与专业技能。社会工作是社会工作者运用科学的方法为受助者提供服务的活动，它的目标是达到助人从而也使被助者能够自助。在对学前融合教育进行介入的过程中，社会工作者根据特殊儿童的需求，借助特定的理论和方法，可以对特殊儿童提供多方面的服务。

三、社会工作介入学前融合教育的途径

（一）个案社会工作的介入

个案社会工作的介入是指社会工作者运用自己的专业知识、方法和技巧，通过一系列的工作，帮助特殊儿童个人或其家庭发掘和运用自己及其周围的资源，改善特殊儿童与社会环境之间的状况，实现对特殊儿童的尊重和肯定的过程。

在对学前融合教育介入的过程中，专业社会工作者通过收集特殊儿童及其家庭的相关资料，制定出相应的服务计划，为其提供社会服务，同时对这种服务加以记录并做出评估。作为对特殊儿童进行融合教育的支持者，社会工作者最直接的任务就是向特殊儿童提供更多的尊重和支持，其中包括情绪支持、紧急援助、咨询服务及寻求社会支持等。

（二）团体社会工作的介入

团体社会工作的介入是指社会工作者采用科学的手段，将特殊儿童组成团体，通过团体成员之间的互动和相互影响，帮助特殊儿童利用团体来应对和解决他们自身存在的

社会心理问题，促进特殊儿童发生转变并得到成长。

社会工作者在对特殊儿童进行学前融合教育介入的过程中，通过开展不同类型的团体活动，设法发挥特殊儿童自己的潜能，解除困扰他们的难题，增强他们学习的效果。因此，应有针对性地组织特殊儿童与正常儿童一起开展合作与互动，设法使特殊儿童在团体中得到发展。具体而言，包括设定团体活动目标、设计活动形式、创设活动情境等。

（三）社区社会工作的介入

社区社会工作的介入是指专业社会工作者依托社区，通过社区宣传、社区教育和社区组织等方式帮助特殊儿童解决面临的困难，通过动员社区力量和开发社区资源来支持特殊儿童融入社会环境。

现阶段，在学前融合教育中开展社区工作，一方面要宣传和贯彻《中华人民共和国残疾人保障法》等法律法规，增强社区群众的法律意识，为特殊儿童提供优先、优质、高效的法律援助和法律服务；另一方面，要充分利用社区资源，动员社区力量，培养特殊儿童积极向上的生活态度；同时，利用一对一的帮扶形式，帮助特殊儿童解决他们在生活和学习中遇到的实际困难。

总的来说，在学前教育改革的大背景下，将教育与社会工作融入其中，能够更好地取得教学效果，凸显社会的作用，促进学生的全面发展。

第六节　幼儿家长对学前融合教育特征的认识

本节研究采用问卷调查法，对普通儿童家长和特殊儿童家长进行研究，对比分析了两类儿童家长关于学前融合教育机构特征的不同认识。结果显示：（1）两类家长关于融合机构特征的总体认识并无显著差异，但特殊儿童家长得分要高于普通儿童家长；（2）在融合机构特征的六个维度中，特殊儿童家长和普通儿童家长在融合机构的教师工作上存在显著的差异，而在教育理念、课程理念、管理制度、支持体系和环境要求等维度上的差异并不显著。

特殊教育在其短暂的发展历程中，经历了从隔离到融合的曲折过程。当前，融合教育（Inclusive Education，也称全纳教育）作为一种教育“新观念”正在席卷全球，各国在融合教育思想的指导下，纷纷进行特殊教育改革，力图真正将融合教育理念付诸实践并取得实质性的成就。学前融合教育作为融合教育的初始关键阶段，其发展方向是让0

至6岁的学龄前特殊儿童进入由早期康复机构与普通幼儿园合作开展的早期融合教育机构接受教育和保育，使特殊儿童和普通儿童共同学习，而不考虑他们为何种障碍，障碍程度如何等等，从而最大限度地发挥受教育者的潜能。学前融合教育是学前普通教育和学前特殊教育共同面临的一项挑战，使普通儿童与特殊儿童一起进入融合机构接受高品质的学前融合教育是社会、家庭、学校相互协作的目标。而儿童家长作为融合教育中的重要利益相关者，对融合教育的态度和认识将影响学前融合教育的开展与推广。

儿童家长对融合教育的态度研究成为学者关注的问题。严冷指出，普通儿童家长对融合教育对特殊及普通儿童的积极作用认识不足，并认为普通幼儿园教师缺乏全纳教育的经验和资质，对其融合教育的能力缺乏信心。此外，他们普遍对自己子女所在班级招收特殊儿童的做法持保守态度。这与孙怡静等人的研究结果是一致的。而派克（Peck）等人在对389名家长进行问卷调查时指出，大部分家长对融合教育持积极肯定的态度。所以说，学前融合教育的开展虽然在一定程度上满足了普通儿童家长的需求，但是仍需要进一步完善相关条件，建立能够使普通儿童家长满意、使普通儿童得到更好发展的早期融合教育机构，从而促进学前融合教育的发展。此外，特殊儿童家长作为特殊教育的主要参与者之一，关于学前融合教育的态度与认识对于特殊儿童的身心发展是极其重要的。谭秀菁调查指出，一些特殊儿童家长明确表示普通幼儿园不适合他们的孩子，孩子在普通幼儿园受欺负；在特殊儿童幼儿园和特殊学校的学前班里，孩子不感到自卑，而感到平等、自信，也更容易合群等。大多数特殊儿童的家长希望将自己的孩子送到特殊儿童幼儿园、特殊学校学前班、残联的康复中心等机构接受教育，但也有部分家长选择让他们的孩子上普通幼儿园。

不难发现，以往研究大多集中于普通儿童家长和特殊儿童家长各自关于学前融合教育的认识研究，而对于二者的对比研究较少，无法更加明确地了解两类家长对早期融合教育的看法与态度。本研究将普通儿童家长和特殊儿童家长关于学前融合教育特征的认识进行对比，在前人经验工作的基础上提出更加客观、具体、新颖的见解，为今后研究学前融合教育提供进一步的研究基础，为学前融合教育的教育理念、办学理念及具体实施提供更为具体、深刻的理论与实践基础，进而揭示当前我国实施学前融合教育的融合机构应具备的教学硬件和教学软件，并提出相关的意见和建议，以完善学前融合教育支持系统，使学前融合教育机构达到符合全体儿童（包括普通儿童和特殊儿童）教育需求的标准，为我们更好地将早期康复机构和普通幼儿园合作开展学前融合教育提供一个良好的方向，使学前融合机构真正成为促进全体学生身心发展的地方，让普通学生和特殊学生都能得到最大限度的发展，最终使学前融合教育发挥其教育的功能与基础作用。

一、研究方法

研究选取 223 名幼儿家长作为研究对象（共发放 300 份问卷，回收问卷 268 份，有效回收率为 89.3%，共得到有效问卷 223 份）。其中，普通儿童家长 95 名，特殊儿童家长 128 名。

问卷采用赫尔利（Hurley）和霍恩（Horn），编制的《儿童早期融合机构特征的 80 个可能的特征 Q 项目列表》，问卷共 80 个题项，经构建结构方程模型分析及专家研讨将原问卷删减至 64 个题项，分融合机构教育理念、融合机构课程理念、融合机构管理制度、融合机构支持体系、融合教师工作和融合机构的环境要求六个维度。所用问卷具有很高的信度和效度，且应用领域广泛。其中，融合机构教育理念对应 6 个题项，包括“融合教师应认为接受融合教育是每一个儿童的基本权利”“融合机构认为融合教育是安置残障儿童的途径之一”等题目，主要考查家长对早期融合机构的定义或认识；课程理念对应 16 个题项，包括诸如“早期融合班级能帮助儿童学会理解和接受残障儿童”“早期融合课程重视‘让孩子做自己’，也就是让孩子们一起玩耍、生活和互动”“融合机构会在课外为有迫切需要的儿童提供相关的服务和治疗”等为达成融合教育目标而对班级和所学内容的安排的相关题目；管理制度对应 13 个题项，包括招生、分班、教学模式、教师管理等方面，例如“早期融合机构仅接收有轻、中度障碍的儿童”“融合机构会为家庭提供各种选择机会：如日托，周托和月托，以及不同的教学形式”“每个融合班级都配有全日制的早期特殊教师”等；支持体系对应 12 个题项，涵盖融合机构所提供的其他方面支持，包括家长、教职员工、社会等方面；教师工作对应 11 个题项，主要包括教师具备的认识和实现目标所做的行为；环境要求对应 6 个题项，包含早期融合机构为实现融合所进行的环境的调整，主要指物质环境。问卷计分采用 5 点计分法，从“不重要”到“重要”，记为 1 ~ 5 分，得分越高表明家长认为此项的重要程度越高。问卷结果通过统计分析软件 SPSS（Statistical Product and Service Solutions）进行统计分析和处理。

二、结果与分析

对特殊儿童家长和普通儿童家长进行独立样本 t 检验，根据其结果可知，两类家长关于融合机构特征的总体认识并无显著差异（t=1.618，p=0.137），但特殊儿童家长得分要高于普通儿童家长，这说明特殊儿童家长关于融合教育特征的认识较普通家长更为深刻。早期融合机构的六个维度中，特殊儿童家长和普通儿童家长在融合机构的教师工作（t=3.549，p=0.001）上存在显著的差异，而在教育理念（t=0.321，p=0.234）、课程理念（t=0.403，p=0.107）、管理制度（t=1.735，p=0.658）、支持体系（t=0.528，p=0.234）和环境要求（t=0.769，p=0.399）等维度上的差异并不显著。具体来说，特殊儿童家长得分在六个维度上均高于普通儿童家长。

此外，特殊儿童家长在关于融合机构六个维度的认识中，教师工作的平均分最高，支持体系其次，其余依次为教育理念、环境要求、课程理念和管理制度。同样，普通儿童家长关于六个维度认识，得分最高的是融合机构的教师工作，支持体系次之，其余依次为教育理念、环境要求、课程理念和管理制度。两类幼儿家长虽然在各个维度上的得分有差异，但是关于六个维度的重要程度认识是一致的，均认为教师工作是建立融合机构的重中之重。

总体来看，特殊儿童家长的得分普遍高于普通儿童家长，说明特殊幼儿家长无论是对融合机构的认识程度还是实施意愿都更为深刻全面。这与苏雪云等人的研究结果是一致的。苏雪云指出，家长对于融合教育实施有着最为积极的认知，也愿意为之付出努力。但他们也表示，对自闭症谱系障碍儿童融合教育真正有效落实还存有许多怀疑。此外，自闭谱系障碍儿童家长在态度上比普通儿童家长更积极，这可能是因为自闭症谱系障碍儿童家长是融合教育实施更为直接和更大的受益者。而在对融合机构六个维度的重视程度上，教师工作是普通幼儿家长与特殊幼儿家长最为看重的维度，即该维度是两类家长认为最为重要的维度。幼儿一旦进入融合机构接受教育，最直接的接触者与参与者便是融合机构的教师及员工，所以为全体幼儿配备高素质的融合教师是融合机构质量评估的重要保证。但经过检验分析，该维度的两类家长差异非常显著。原因可能在于两类家长的生活经历与背景不同。学前阶段是儿童成长与发展的重要阶段，普通儿童家长担心将自己的孩子安置在融合机构内，无法接受能够满足幼儿的教育需求的融合教育服务，同时对普通儿童能否受到融合教师的重视、关爱而担忧。相比较而言，特殊儿童家长对融合机构的教师工作的认识比较深刻、全面，更加相信融合教师能够为特殊儿童提供积极健康的学习环境。

融合教育最大的困难在于如何改变部分普通家长的态度。普通儿童家长之所以会对融合教育产生怀疑，是因为就当前我国特殊教育领域来说，融合教育的推广在某种程度上存在极大的不可行性。一方面，大部分人认为学前教育阶段是幼儿身心发展的关键期，这一阶段的儿童模仿能力极强，而将普通儿童与特殊儿童放在一起进行教育，普通儿童难免会受特殊儿童精神、行为等方面的影响，从而阻碍普通儿童的发展。另一方面，目前融合教育的发展状况不足以令普通儿童家长信服，加大对融合教育的宣传力度，使全员参与到融合教育中来，共同建立一个高质量的融合机构，是每一位教育工作者要努力的目标。而对于大部分特殊家庭来说，让特殊儿童进入特殊教育学校、早期康复机构等残障机构已经让他们在经济上入不敷出，如果融合机构需要高额的入园费用，同时又得不到政府的财政投入，那么特殊儿童家长必然不会将特殊儿童安置在学前融合机构。这便要求我们在建立早期融合机构时一定要建构一套完整的支持体系与管理制度，让每一位幼儿家长安心、放心。

三、建议

（一）加大对学前融合教育教育理念宣传力度

研究发现，目前由于部分普通儿童家长和特殊儿童家长对学前融合教育认识不足，家长从内心排斥并对学前融合教育心存忧虑。所以，建立一个高质量的学前融合机构，同时使该早期融合机构能够满足普通儿童家长和特殊儿童家长对其期待与需求的首要任务就是加大对学前融合教育在家长中的宣传力度，让普通儿童家长和特殊儿童家长对学前融合教育有一个完整的认识和积极的态度。使家长了解让普通儿童和特殊儿童在融合机构中共同学习、生活是每个儿童的权利，更是家长自己和教师、学校和社会工作人员的义务。

具体而言，在资源网站上开设融合教育专栏，发行融合教育刊物，增加融合教育在主流媒体上的出现率，引导人们认识融合教育，让更多的人了解何为融合教育，从而产生强大的社会影响力。此外，残疾机构、学校、社区要多开展融合教育宣讲活动，号召人们以实际行动支持开展融合教育。

（二）合理安排早期融合机构的课程设置，正确发挥融合班级的作用

在早期融合教育机构内，课程编制要以儿童为中心。不仅要教授传统文化知识，提高儿童的智力和能力，还要设置各式各样的生活课程，提高儿童的生活自理能力，使特殊儿童与普通儿童建立良好的人际关系，为他们进入普通小学奠定基础。

融合班级要帮助儿童通过相互模仿来学习，要帮助普通儿童学会理解和接受残障儿童，要帮助残障儿童学会独立，还要帮助他们学会基本的社交能力，让他们能够参与自己选择的自由活动，进而为他们建立友谊关系提供机会。除此之外，融合机构要把对特殊儿童的相关服务和治疗（如语言治疗和物理治疗）融入班级的日程或活动中，而不是单纯地只把孩子带到个别训练室做专业治疗。

（三）完善支持体系，健全管理制度

提高早期融合教育机构的教学质量，促进融合学校和融合班级的可持续发展，就要加强融合机构的制度建设，建立一套完整的、自上而下的管理制度。除此之外，更要将其付诸实践，对学校管理、教师管理、学生管理等都起到监督激励的作用。

发展高质量的早期融合教育离不开全方位的、共同的支持。有研究指出，特殊儿童随班就读的支持系统主要包括学校、家庭、社区、政府以及自我支持等五个子支持系统。其中，学校支持是整个早期融合教育支持体系的核心，直接影响着普通儿童和特殊儿童的学习生活质量，这就要求教师、家长、同伴、学校行政人员和资源教师等加强合作，共同为全体学生提供有针对性的教育支持和生活支持，使每个学生都得到最大限度地发展。此外，融合学校还要提供相当数量和质量的教师以及工作人员，为教师提供专业发展和培训机会，以此为普通儿童和特殊儿童及其家长提供专业的、高质量的教育服务。家庭是儿童赖以成长的重要环境，是儿童生存和发展最主要的依靠，在儿童身体发育、精神健康和个性成长过程中都起着至关重要的作用。良好的家庭环境为融合教育的顺利实施提供了基础，家庭应与其他亲子支持系统建立良好的合作关系。社会支持主要是指社区支持。社区支持就是在社区中，管理人员要做家长连接学校的纽带，运用科学的教育工作方法，弥补家庭和学校支持的缺陷与不足。为保证学前融合教育的顺利开展，政府就要制定一系列法律法规，大力支持融合教育的发展，为早期融合机构的正常运行提供政策保障和支持。

（四）提高融合教师的综合素质

高质量的学前融合教育对融合教师的要求越来越高。在融合机构工作的教师和工作人员必须深入理解融合教育的价值理念，全面支持融合教育的开展。在专业素养、教学能力、教学态度等方面都要表现出比其他普通教师或特殊教师更高的水平。方俊明指出，首先，从事融合教育的专业人员首先应该有较高的敬业精神，关心社会的进步和各类儿童的成长，熟悉各种类型的相关法律法规，热爱教育与康复、训练工作；其次，应有较

高的专业水平，能运用自己的专业知识、技能从事儿童的教学、科研、评估、训练、咨询、辅导、教学软件制作，以及管理、协调等方面的工作。具体来说，融合教师要关注每个学生，让他们有归属感，同时要关注每个学生的优点和他们的独到之处。同时，融合机构的教师要自愿和残障儿童一起生活学习，要确保每个学生都参与到日常的教学和活动中来。总之，融合教师一定要做好本职工作，促进学生的发展。

（五）为建立高质量的早期融合机构提供完备的硬件和软件设施

要实现高质量的融合，就要建立健全融合机构相关的硬件和软件设施，为融合学校、融合班级配备各种各样的教学工具、班级装置、环境设施和校园标志等等，以使每个儿童都能够健康、安全地在融合机构学习和生活。在融合环境里，要让特殊儿童的学习不存在任何障碍，融合机构应对环境作出调整，以确保所有孩子都能使用周围的环境设施（斜坡、扶手等），同时还要配备各种必要的修正设备设施（沟通辅具、定位设备和修正的玩具），为普通儿童和特殊儿童提供系统的学习环境和日程。

第七节　教育公平视角下学前融合教育的可持续发展

学前融合教育能够显著促进特殊儿童的个体发展，已成为特殊教育的发展新潮流。本研究重点分析其在普及与推广过程中面临的诸多问题，包括融合教育是一种哲学思想、观念以及态度，不具备实践性，师资匮乏、资源教室与物理环境缺乏、法律政策难以执行等。为了推动学前融合教育的可持续发展，笔者建议科学评判特殊儿童就读普通幼儿园的适应能力，加大幼儿教师的融合教育培训力度，政府主导法规政策的创新。

20 世纪 70 年代，世界各国在特殊教育领域宣传和推广融合教育，“自由、平等、多元”的融合教育思想得到人们的普遍认可和推崇，成为特殊教育思想的主旋律。“融合教育”概念最初由萨拉曼夫妇在 1984 年提出，1994 年在西班牙《萨拉曼卡宣言》和《特殊需要教育行动纲领》中正式确立，提出“学校应该接纳所有的儿童，而不考虑其身体的、智力的、社会的、情感的、语言的或其他任何条件”，即所有特殊需要儿童能够就读于普通教育机构，融入社会环境和普通教育环境，与普通儿童一起接受教育，实现特殊儿童和普通儿童的共同发展。我国于 20 世纪 80 年代引入融合教育理念，随即成为特殊教育领域的研究热点，“随班就读”就是该思想与国情相结合的本土化产物。近几年，我国分别在 2014 年和 2017 年颁布《特殊教育提升计划（2014—2016 年）》和《残疾人教育条例（修订草案）》，后者明确指出“推广融合教育，保障残疾人进入普通幼儿园、学校接受教育”。

虽然融合教育的理念和观念已深入人心，但是在具体实践中仍然存在各种怀疑和批评。究其原因，人们认为融合教育是一种哲学思想、观念以及态度，不具有实践性。具体到学前融合教育领域，实践中存在师资匮乏、欠缺社会支持、配套制度不健全等问题。因此，本研究基于教育公平视角辨析融合教育的理念之争，针对我国学前融合教育存在的主要问题提出解决策略，旨在实现学前融合教育的可持续发展。

一、融合教育的理念之争

顾名思义“理念”即“理性的观念”，意指人们诠释或解释世间各种现象和事物时归纳总结的思想、观点或法则。理念不同意味着融合教育的发展路径和模式不尽相同，影响融合教育的实现程度。

（一）文化层面的理念之争

不同的文化背景使得融合教育理念体现出很大的差异性，核心价值观不同也导致融合教育的实施途径存在很大差异。西方国家针对特殊儿童的融合教育由早期的道德领域转为近代的权利领域，具体来说就是早期的特殊儿童教育深受宗教文化的影响，宣扬上帝的仁爱之心和天赋教育权利；近现代的特殊儿童教育受到人权运动的推动，特殊儿童成为每个公民应尽的义务。受此影响，面向特殊儿童的融合教育不再是施舍和怜悯，而是特殊儿童的权利，为特殊儿童提供融合教育更是每个公民应尽的一项义务。受到“有教无类”“大同”等儒家思想的影响，我国的特殊儿童教育主要从“悲悯”和“同情”角度予以救济，体现出“善”的价值理念，更多表现为道德层面的怜悯和施舍，并不是“以人为本”的体现。

（二）人权层面的理念之争

融合教育的萌发、推动以及成长与人权运动的发展休戚与共，融合教育萌芽不仅受到20世纪50年代美国民权运动的影响，而且可以追溯到文艺复兴和法国启蒙运动时期，追求个人平等、自由、多元是融合教育思想的主要来源。在人权理念中，融合教育是自由与平等的体现，是一项精神层面的权利。带有很强的抽象性，更多表现为人们在人格、尊严、价值等方面的权利，落实这些权利主要通过转变思想和观念，很难付诸具体的行为实践。

融合教育虽然在改变人们观念和改革普通教育方面发挥了不容忽视的作用，被认为是社会发展的必然，公正的理念也得到社会主流群体的普遍认可，但是融合教育理念要得到有效的实践操作必须有坚实的“义务”保障，没有对应的“义务”只能是理念层面的权利，有名无实。

（三）法权层面的理念之争

“法权”指通过法律确保人的权利和权力。法权层面的融合教育不仅包括抽象的人权，而且包括法律制度保证的具体权利和权力。因此，融合教育既要体现生而平等的“天赋人权”，又要体现法律面前人人平等的制度保障。为此，融合教育需要具备如下条件。首先，明确融合教育的定义，只有清晰界定内涵和外延，融合教育才能确定抽象权利和具体权能之间的边界，统一特殊儿童抽象的权利和具体的权能。其次，构建法律层面的保障和救济制度。我国十分缺乏能够提供融合教育法律保障的相关制度，《中华人民共和国残疾人教育条例》和《中华人民共和国残疾人保障法》没有详细规定特殊需要幼儿的教育内容、安置模式、评估鉴定以及救济制度，与英国、德国、美国等融合教育实施较好的国家还有很大的差距。最后，特殊需要幼儿掌握融合教育的权利，需要社会制度提供权利实践的土壤和环境，社会成员也要认识到融合教育是应尽的义务。

二、学前融合教育的现实之困

从我国学前融合教育的发展态势来看，人们的观念认识大有改观，专业人才队伍不断发展壮大，家长与幼儿园之间建立了一定的默契，各种支持系统得到完善，初级阶段的现状也面临着更多的突破，但还是存在一些问题。

（一）具备融合教育素养的幼儿教师匮乏

我国的学前融合教育尚处于初级阶段，一个重要原因是缺少学前融合教育教师。幼儿教师是学前融合教育真正的实施者和推动者，在融合教育中发挥着非常重要的作用。我国幼儿教师缺乏的融合教育素养主要包括两方面内容。一是观念落后。调查显示，94% 幼儿教师认为特殊儿童不能在普通园所就读，47% 幼儿教师认为融合教育会降低教学质量，65% 幼儿教师不愿意接受有特殊需要的幼儿。可见，大多数幼儿教师对融合教育持否定态度。二是专业知识和技能。长期以来，我国实行特殊教育和普通教育并行的双轨制教育模式，以至特殊教育和普通教育在相当一段时间内相互隔离。因此，大部分高校分别制订特殊教育和学前教育的人才培养方案，幼儿教师几乎没有或很少学习特殊教育课程，以至缺少专业的融合教育知识和技能。此外，幼儿园较少组织针对融合教育的职前或职后培训。因此，缺乏专业知识和能力、不了解特殊儿童的心理和生理特点，导致幼儿教师难以达到融合教育的要求。

（二）资源教室与相关物理环境贫乏

资源教室是推动和保障随班跟读的支撑点，普通幼儿园配置的资源教室能够提供丰富的教育资源，完全可以满足特殊儿童的教育需求，使特殊儿童利用教育资源开展有效和针对性的训练与学习。但是，我国仅有一线城市的部分幼儿园设有资源教室，而且数量难以满足特殊儿童的教育需求，至于中西部欠发达地区的幼儿园的资源教室建设还停留在理念阶段，未得到落实。另外，普通幼儿园不具备保障特殊需要幼儿基本生活的园所环境，有研究指出，我国幼儿园的物理环境在学前融合教育方面存在有限适用性，比如教室、区域空间规划不合理，无障碍设施不完善；自由与安全两方面也存在很大的矛盾，比如环境调整缺乏指导，适合特殊儿童的材料投放不及时。

（三）法律政策难以执行

《特殊教育提升计划》指出，“各地要将残疾儿童学前教育纳入当地学前教育发展规划，列入国家学前教育重大项目。支持普通幼儿园创造条件接收残疾儿童。支持特殊教育学校和有条件的儿童福利机构增设附属幼儿园（学前教育部）”；《中华人民共和国残疾人教育条例》规定，“学前教育机构、各级各类学校及其他教育机构应当依照本条例以及国家有关法律、法规的规定，实施残疾人教育；对符合法律、法规规定条件的残疾人申请入学，不得拒绝招收”。上述文件政策虽然明确要求普通幼儿园无条件接收残疾儿童入园就读，但是没有详细规定特殊儿童的教育内容、安置模式、评估鉴定以及救济制度，难以付诸实践。针对《中华人民共和国残疾人保障法》实施效果的调查结果显示，特殊需要幼儿没有获得融合教育权利而提出司法诉讼的案例较少；虽然《中华人民共和国残疾人保障法》规定未能有效实现残疾人权利的组织和单位应当接受行政处罚，但是实际处罚拒绝残障儿童入园的机构时存在很多法律争议，在某种程度上阻碍了融合教育的行政救济。此外，相关行政部门权责不明、彼此隔阂，也是政策法规难以落实的一个原因。比如，中国残疾人联合会（简称“残联”）关注残疾人的康复保健和救济，教育部门更重视教育和培训，只有二者加强协作交流才能真正实现“教康结合”，但是交流机制尚无具体的政策规定。

三、教育公平视角下学前融合教育的可持续发展策略

（一）科学评价特殊儿童进入普通幼儿园的适应能力

虽然受教育是每个儿童的基本权利，普通幼儿园接纳特殊儿童就是尊重他们的教育权利，但是所有特殊儿童就读普通幼儿园是否体现教育公平有待商榷。本研究认为，教育公平视角下的学前融合教育不是“一刀切”或“强行摊派”。《残疾人随班就读工作管理办法》规定，“残疾儿童进入普通幼儿园学习，一般不要求对其残疾类型和残疾程度进行评估鉴定，可由幼儿园组织专家对残疾儿童的能力、特殊需求等进行综合诊断和评估，以便为其提供适宜的教育服务”。实践经验表明，普通幼儿园招收特殊儿童需要设定准入条件，硬性接受指标对于普通儿童和特殊儿童都不负责任，也不是教育公平的体现；因此，实行融合教育的幼儿园需要评估和诊断特殊儿童的能力和障碍现状，符合融合教育基本标准和条件接收入园，不符合则转入特殊学校就读。为此，地方教育管理部门应该结合具体情况制定一套科学可行的评判标准，幼儿园负责按要求执行特殊儿童的能力和教育需求测评；地方教育管理部门还需要根据融合教育的条件评估并分类幼儿园，为学前融合教育的可持续发展提供指导和帮助。

（二）加强师资队伍建设，完善融合教育服务体系

我国的学前融合教育尚处于初步发展阶段，只有北京、上海等经济发达地区在行政手段的干预下成为试点，全国大部分省市的学前融合教育实践仍停留在观念层面。一方面，我国至少有 10 万名有特殊需要的婴幼儿被拒于普通托幼机构之外；另一方面，全国 137 所普通高等师范院校仅有 19 所开设特殊教育必修课或选修课。

针对上述现状，本研究认为应当从以下几方面加快学前融合教育的发展步伐，完善教育设施和条件。

第一，加强具备融合教育素养幼儿教师队伍的建设。首先，学前教育专业师范生选修特殊教育课程并参与实践；其次，幼儿园培养的幼儿教师的多元价值观和融合教育理念；再次，幼儿园加强幼儿教师融合教育知识和技能的职后培训。特殊教育学前师资培养的目标是“学前 + 特殊”，而不是“特殊 + 学前”。究其原因，特殊教育的学习背景强调行为学，内容相对结构化，学前教育的学习背景更强调儿童发展心理学和教育学，内容趋向人的发展变化，更加注重所有儿童的适应性发展。

第二，健全学前融合教育的长效保障机制，完善残联和教育机构的有效合作，权责

明晰，各司其职，协同发展。

第三，加强资源教室和无障碍环境的建设。有学者认为，资源教室是沟通普通教育和特殊教育的桥梁，是实施融合教育的第一步。资源教室有助于幼儿园为特殊儿童提供专业教育和服务，也有助于幼儿教师提升教育理念和专业技能，促进幼儿教师的专业成长。

（三）政府主导并创新融合教育的法规政策

为了促进学前融合教育的发展，我国出台一系列法律政策保障特殊儿童进入普通幼儿园就读，虽然规定了特殊儿童鉴定、安置以及教育教学的相关内容，但是法规政策呈现出碎片化和应急性的特点，内容笼统。结合我国国情和现阶段的发展特点，政府应当充分发挥主导作用创新融合教育的政策法规，主要包括如下几方面内容。第一，借鉴国外先进经验，避免全盘照搬，立足本土实际创新政策。第二，整合现有的法规政策，包括统一法规政策术语、修订有矛盾或歧异的表述，保证思想统一；出台政策法规的补充实施细则，制定可行性方案；明确残联、教育主管部门、普通幼儿园的权利和义务。第三，加大政策法规的执行力度并落到实处，扩大社会宣传，使家长、幼儿园、社会各界了解融合教育的要义，自觉维护被剥夺或侵犯的教育权益；政府还要加大违反法规政策的单位和个人的惩处力度，增强政策法规的权威性、可操作性和可执行性。

第三章　学前融合教育的建设

第一节　学前融合教育课程建设

融合教育又被称为全纳教育，出自美国 20 世纪 50 年代的民权运动，是指让有特殊需要的儿童到普通班级中接受教育，和普通儿童一起成长。1984 年，在斯坦巴克夫妇明确提出全纳教育的理念之后，该理念很快就成了特殊教育领域中备受关注的热点。1994 年，在联合国教科文组织召开的世界特殊教育会议上，与会代表达成《萨拉曼卡宣言》。该宣言反对隔离和歧视，强调特殊儿童有权接受平等的教育，应该为他们提供“最少限制环境”，使其可以和普通儿童一起学习。学前融合教育是指把 3 至 6 岁有发展障碍的幼儿与正常幼儿安置在同一个教育环境中，并为其提供特殊支持与服务，使特殊教育与普通教育融为一体的教育形式。由于融合教育在我国起步较晚，目前关于学前融合教育方面的研究还相当少，但近些年来与之相关的研究有增多的趋势。任平和陈立对国内这方面的研究进行了综述，发现有关学前融合教育方面的研究主要有国外经验、课程设置、师资与专业素养等 6 个研究方向。其中，融合教育课程的建设是一个比较新鲜的研究视角，相关的研究也比较少。但是，要在幼儿园中贯彻融合教育这一先进的教育理念，就需要建设好与之对应的学前融合教育课程。学前融合教育课程是什么，为什么要施行这种课程以及能否施行等一系列问题令人深思。

一、学前融合教育课程的内涵

（一）学前融合教育课程的定义

课程原意为“跑道”，在后来的发展中不同的学者对课程有着不同的定义。一般而言，广义的课程可以被看作是在教育者有目的、有计划地安排下，受教育者的学习科目、学习进程、学习评价等活动的总和。融合教育运动之后，人们开始争论一个问题：儿童是否应该接受同样的课程？是否应该向特殊儿童提供“打折扣的课程”？最后得出的结果是：传统的普通学校的课程并不能够满足教室内所有儿童的学习需求；融合教育的目标是要让“所有儿童都获得成功”，所以其课程对象是所有儿童。也就是说，该课程是一种供所有儿童一起学习的“共同课程”。所以，这种课程既要兼顾儿童学习的认知、情感、行为等方面的需求，也要兼顾特殊儿童和正常儿童的需求。

就融合教育而言，目前还没有被普遍认同的定义，所以学前融合教育课程也就没有权威的定义。但该课程是广义的课程，因为它涵盖了3~6岁特殊儿童和正常儿童在同一教育环境中（通常是在幼儿园）学习的所有内容和参与的活动体验。因此，本节中的学前融合教育课程是指在实施融合教育的早教机构或幼儿园里使用的、严格遵守融合教育原则的课程。

（二）学前融合教育课程的特征

第一，学前融合教育课程是学前教育课程中的一种，具有明显的启蒙性。所以，课程内容的设置要与孩子们的现实发展相结合，向他们提供的内容应该是基础的、浅显易懂的，孩子们能够接受和理解的。课程内容的设置和实施要启于未发、循序渐进，促使孩子们有所进步、茁壮成长。

第二，学前融合教育课程具有游戏化的特点。一般而言，儿童的认知水平不高，认识事物和学习知识主要靠感官进行感知和动手操作，因而学前课程一般是以游戏的方式展开的。学前融合教育课程也注重游戏的理念。同时，在活动室中投放丰富多样的材料，创造富有吸引力的环境，激发孩子们学习的兴趣，鼓励他们自主自发地游戏，探索世界，并观察他们、给予他们合理的指导，促使其获得更多新的知识经验。

第三，学前融合教育课程具有灵活性。融合教育的课程观认为课程并不是一成不变的，课程的内容和安排是可以修改和调整的，要符合学生的个性化特征并满足其发展需求，尤其是某些儿童的特殊需求；组织课程的形式可以是多样的；评价方式也可以是多元的，而不是用某一具体的标尺作为衡量工具。因为学前融合教育课程的教育对象是所有3~6岁幼儿，较为复杂，所以也决定了它具有很强的灵活性。正常儿童和特殊儿童之间存在着较大的差异，因而课程要满足他们身心发展的共性需求，也要满足个体自身发展的个别化需求，所以课程组织方式、课程实施等具有较大的灵活性。

二、实施学前融合教育课程的必要性与可行性

（一）实施学前融合教育课程的必要性

首先，课程作为教育教学活动的重要依据，在教育活动中占据一席之地。走向课程化的道路可以使融合教育更具规范性，使教育体系的工作者重视融合教育工作，还可以使融合教育理念得到制度上的保障。此外，课程在教学目标、教育过程、教育结果等方面有系统的规划与预测，能有效提升融合教育的效果，也能更好地满足特殊儿童的需求，促进他们更好地发展。

其次，开展学前融合教育不仅对特殊儿童有着积极的意义，比如提高他们的言语表达能力和社会适应能力；而且，对正常儿童也有很多的好处，比如培养他们的爱心、同理心、助人为乐精神等。班杜拉的观察学习理论表明，儿童的交往方式和技能大多是靠模仿习得的。将特殊儿童隔离开来，集中在特殊学校进行教学，他们的某一方面的能力或许能得到提高，但是这种特殊的环境与社会真实的环境相差巨大，会导致他们与社会脱节。如果增加他们与普通儿童接触的机会，那么他们就有了更多与人交流的机会，而且有了很好的模仿学习的榜样，促进他们沟通交流、适应社会能力的提升。加德纳的多元智能理论认为，每个儿童至少都有 8 种智能，儿童都有无限的发展潜力。特殊儿童也有多种智能，让其进入普通幼儿园学习，对他们的全面发展是有极大好处的。此外，程秀兰、王莉等人的研究结果显示，融合教育对孤独症儿童表达情绪情感和改善问题行为很有帮助。周念丽在研究中发现，融合保教有助于弱智儿童、听障儿童、自闭症儿童的发展，也有助于增强正常儿童的自我效能感，提升其移情能力，并推动其心理健康的发展。张霞萍在研究中发现，融合教育能够提高视障儿童与听障儿童的认知能力、动手操作等方面的能力以及自主性。

最后，推行学前融合教育课程可以体现教育公平，体现人权平等，促进社会和谐。

（二）实施学前融合教育课程的可行性

从理论层面上看，我国已经出台政策和文件支持学前融合教育的发展。《特殊教育提升计划》中明确提出，“各地要将残疾儿童学前教育纳入当地学前教育发展规划，列入国家学前教育重大项目。支持普通幼儿园创造条件接收残疾儿童”。《第二期特殊教育提升计划》中再次提出，“支持普通幼儿园接收残疾儿童”。这与国际学前特殊教育的潮流相符合，也可见我国对学前融合教育的重视。我国有肥沃的道德土壤和兼容并包的文

化，可以让学前融合教育生根发芽。儒家的“仁爱”思想可以让教育者和家长包容、接纳特殊儿童，幼儿园和相关的教育工作者需要做的就是尽力为他们的发展提供适宜的服务和支持。随着融合教育的深入发展，学前融合教育课程就是值得深思的问题。目前已经有一些研究者开始关注幼儿园里融合教育的课程设置问题。

从实践层面看，上海是我国最先探索学前融合教育安置模式的一个地方，早在 1994 年就设立了定点幼儿园招收智力残疾的儿童入园就读。随着 21 世纪初“融合保教”的理念的提出，一些幼儿园开始附设特教班，让轻度残疾的儿童进入普通班接受保教。现在上海地区已经大致形成了三种融入模式：间断融入、部分融入和完全融入。而在我国其他一些大城市中，一些幼儿园也在展开学前融合教育的实践尝试，其中最普遍的形式就是在有良好的办园条件、雄厚的师资力量的幼儿园开展“随园就读”。

综上所述，我国在实施学前融合教育上既有理论支持也有实践基础。可见，在我国发展学前融合教育是有一定可行性的，建设学前融合教育课程也将是必需的。

三、理想的学前融合课程观

融合教育的课程观是建立在融合教育理念上的一种全新理念。邓猛及陈云英博士都认为课程的融合是融合教育中最难实现的目标。但是，融合课程又是十分必要的，为此他认为全纳学校可以调整课程，并提出了三个课程调整原则。第一个是课程准入原则，要让所有学生都有相等的机会公平地参与到各项教学活动中来，不将其排斥在某项教学活动之外。第二个是要为残疾学生提供足够的资源及支持性服务。第三个是课程要分层，让学生根据自身的能力选择与大家完全相同、部分相同或完全不同的课程内容。我国台湾地区在学前融合课程的建设方面走在前列，而且取得了很多令人瞩目的成果。有台湾地区的研究者认为，课程调整是融合课程的建设的核心，应该依据特殊儿童的个别化需求，在课程目标、内容上做出恰当的调整。段伟红提出了一套系统的、理想的学前融合课程。笔者对这位研究者的一些观点深表赞同，并在此基础上增加了一些自己的想法，将理想的学前融合课程观在此呈现和分享出来。

确定课程名称。名称不应带有歧视性。皮尔（Pijl）和梅耶尔（Meijer）认为融合教育具有六个层次的融合。第一层次是物理空间的融合，即所有儿童在同一空间里学习生活；第二层次是名称的融合，不再使用有歧视性的标签。而目前学前阶段最主要的融合教育方式是“随园就读”。“随园就读”也像一张标签，特殊儿童似乎是附属品，像旁听生一样跟着普通儿童一起学习，这样可能会让特殊儿童没有归属感，也可能会造成误解。

鉴于融合教育的公平性原则,课程的名称应该做一定的修改。研究者段伟红把它称为“幼儿全纳课程”。

设立课程目标。目标应该是有层次性的，每个儿童的实际能力水平不同，可达到的水平也会存在差异，因而要设定层次多样的目标。值得注意的是，出于实际考虑制定的多样化的目标，是为了让所有儿童都有所进步，为了帮助他们更好地达到最终目标。教师不可以因此而降低对儿童的期望值。此外,目标也要具有连续性,应该包括短期、中期、长期目标。

构建课程内容。学前融合教育的课程内容应该是很丰富的、涵盖面较广的且有弹性的，既包括符合所有幼儿身心发展的一般规律的共同课程，也包括针对幼儿的差异性而设计的个别化的内容。特别是特殊儿童，需要学习更多关于适应社会、生活自理方面的技能和知识。

灵活调整教学策略。幼儿教师在教学过程中交替运用合作教学与多层次教学、小组教学与个别教学等教学方式。对于某些非常特殊的儿童，有时要为其制定个别化的教育方案。因为学前融合教育的课程教育对象较为复杂，儿童本身自制力相对薄弱且好动，教师如果把过多的精力投入到维持班级纪律中，教学效果就要大打折扣。因此，班级人数不宜太多，班级也不一定要以年龄作为依据编排，可以打破传统习惯，按照其他方面的特征，比如某方面的能力进行编班分组。

设置教学环境。要充分重视创造良好的、适宜的物质环境和安全的、舒适的心理环境。一定要充分考虑到特殊儿童的身体不便和行动的需要，在幼儿园中设置相应的无障碍设施。比如，教室安排在一楼，设置专门的无障碍厕所，允许轮椅通行的斜坡和宽敞的空间等等。同时，教师要教导正常儿童尊重特殊儿童并尽力提供帮助，教师和家长要做尊重他人的表率，进而在园内形成温馨和谐的氛围，使全体幼儿对幼儿园都有归属感。

四、学前融合教育课程建设的展望

我国目前可以随园就读的幼儿园的课程大多是以正常儿童的标准设置，忽视了特殊儿童的发展。对“融合保教”活动的实施也常常流于形式，距离学前融合教育课程的目标还相去甚远。其中的原因有很多，笔者认为主要有这几点：一是虽然国家已经开始倡导“融合保教”“随班就读”这些理念，但是当前人们的融合教育观念并未普及，而且对学前融合教育的接纳程度不高。二是课程开发难度大。融合教育本身就是舶来品，其扎根的文化土壤不同，简单地套用外国的经验和课程模式并不能达到理想的效果，开发出本土化的课程需要实践尝试、经验积累。三是缺乏相关专业人才和良好的、充足的师资。当前我国幼教师资和特教师资都很匮乏。现有的幼教工作者大都缺乏特殊教育方面的知识，难以实施学前融合教育课程。这些都是未来推进学前融合教育课程实施、推动融合教育发展的障碍。

为了更好地克服阻碍，笔者有以下几个建议。一是大力宣传融合教育的理念。融合教育观念对人们的态度以及行为有重要的影响，想要继续推行学前融合教育课程，就要先树立正确的学前融合教育观念。比如，可以设置这方面的杂志、宣传栏进行报道，也可以通过网络、电视等与教育相关的频道开展讲座、专家访谈等多种形式的宣传报道，从而加深人们对学前融合教育的了解。二是重视融合教育的本土化研究，开发与我国实际情况相符合的学前融合教育课程。融合教育课程开发是一个逐步实现的过程，要考虑我国经济、文化、教育等实际情况，建立起一支业务精良的融合教育专业研究团队，展开融合教育课程方面的研究，开发出支持课程实施的相关具有本土化特色的教材、教具等资源。三是大力培养学前融合教育师资。良好的师资是实施融合教育课程的前提与保障。政府可以增设幼儿师范学校，或在一些学校培养学前教育专业师资时，增设特殊教育方面的课程，大力培养学前特教混合型师资。教育机构也可以组织教师接受与特殊教育专业相关知识或技能的培训。与此同时，幼儿教师自身要主动学习融合教育理念，转变教育观念，接纳、关怀特殊儿童，并注意教学的包容性，让所有幼儿都有所体验，有所发展。

融合教育已经慢慢成为特殊教育发展的主流教育观念，但在学前教育阶段，还有待发展。学前融合教育课程的建设是实现该理念的重要手段，希望早日得到重视和关注。

第二节　质量评价维度下的学前融合教育

随着学前融合教育日益受到全社会的关注，其质量方面的研究也日益丰富。本节综合我国学前融合教育现状的研究，从质量的视角对我国学前融合教育的发展状况进行探析，得出：我国在构建学前融合教育质量观念上缺乏理论创新，学前融合教育的质量内容与要素存在模糊之处；缺乏适合我国国情的学前融合教育质量评价工具；我国在融合教育理念与知识、物理环境、心理环境、课程与教学、支持系统五大维度下的学前融合教育现状不容乐观，需在各个方面逐步改进，从而提高我国的学前融合教育质量。

随着20世纪70年代美国“回归主流”（Mainstreaming）运动的兴起，融合教育开始渐渐发展为国际性的教育实践。与此同时，特殊儿童的学前教育也越来越受到社会的重视与关注，尤其是2012年我国颁布《3~6岁儿童学习与发展指南》（简称《指南》）中提到，实施《指南》应尊重幼儿发展的个体差异。这显示了国家对具有个体差异的幼儿在共享学前教育资源方面的尊重。然而，目前中国学前融合教育的研究仍然匮乏，尤其是学前融合教育质量方面的探索。本节综合中国学前融合教育现状的研究，以质量的视角对我国大陆学前融合教育的发展状况进行探析，以期对未来我国高质量学前融合教育的发展有所启发。

一、学前融合教育质量的概述

一般而言，学前融合教育是指让有特殊需要的儿童进入普通幼儿园，与一般儿童共同接受保育和教育的教育形式。而学前融合教育质量则是对学前融合教育水平高低和效果优劣的评价。2009年，美国特殊儿童部（DEC）与全美幼儿教育协会（NAEYC）发表联合声明，就融合教育的界定达成了共识，同时确定了学前融合教育的原则，以期在此原则的引导下，使学前融合教育的质量有所提升。普通儿童教育与特殊教育相结合预示着融合教育离不开双方的支持。可以说，学前融合教育质量在广义上包含了学前教育质量，在狭义上与多样的特殊儿童个别化支持相联系。两者相互影响，不可分割。在一定程度上，学前融合教育质量的界定与标准会成为高质量学前教育标准方面的补充和挑战。

（一）学前教育质量的含义

学前教育质量这一概念受到许多潜在标准的影响，如不同地区看待儿童的视角、国家社会的文化背景、个人价值取向等，不可能有国际上全部认同的统一标准。约瑟夫·托宾（Joseph Tobin）就曾指出：学前教育并没有全球通用的质量标准。欧美国家的标准在一定程度上反映其特定的社会环境，无法强加于其他的社会环境与文化。因此，如今的学前教育崇尚的应是在正确理念基础上的多元动态的质量观。而多元化的质量观并不代表可以实行杂乱的缺乏规范的质量评价。虽然不同地区、不同类型的学前教育具有不同的质量标准，但同一地区或同一类型的幼儿园在质量评价上应该有一个统一的标准。结合国内外研究者们的共识来说，目前大部分学者都将学前教育质量分为结构性质量与过程性质量，并崇尚在评价学前教育质量时应侧重过程性质量。

过程性质量指的是那些与儿童的生活和学习经验有更直接联系的变量，如师幼互动、同伴互动、家长参与等，它常常与人际互动密不可分。而结构性质量即人们常说的硬性指标，如材料、环境设施、师生比等，是一些能够具体规范和控制的变量。蔡东霞在对学前教育质量话语的反思中就曾指出，近年来人们对学前教育质量问题的看法和做法发生了重要变化，转向更加重视学前教育质量评估的人性化和灵活性。例如，全美幼儿教育协会于2005年颁布的《幼儿教育方案标准和认定指标》中就摒弃了僵化的素质标准和效果指标，设置了更多弹性指标，强调创造高质量学前教育的根本目的在于建立一个以“人”为中心的积极关系系统。

目前就国外而言，全美幼儿教育协会推广的发展适宜性教育实践（DAP）被认为最能正确代表高质量学前教育的内涵。而目前我国在相关的质量评价与法律法规上还需要进一步的发展。

（二）学前融合教育质量的含义

学前融合教育质量并非学前教育质量与学前特殊教育质量的简单相加，虽然学前教育的质量指标是实现融合的基础条件，但是不足以满足特殊儿童的个别化需要。而学前特殊教育的质量指标强调个体化、目标导向、系统化干预，难免引发教育公平的争议。而反观学前融合教育，其质量往往通过具体的教育实践和相关服务来体现，是广泛、复杂的实践系统，因而要确定其质量的内涵仍需一个不断实践和试错的过程。但相比于普通教育，个别化的支持必定是学前融合教育质量的关键。

尽管目前国际上对学前融合教育质量的界定并不清晰，但2009年，美国特殊儿童协会幼儿教育分会和全美幼儿教育协会联合发表的关于早期融合教育的声明可作为高质量学前融合教育发展的方向。声明中明确表示，早期融合教育包含一系列的价值观、政策与教育实践，以支持每个婴幼儿及其家庭都能作为家庭、社区和社会的完整一员广泛参与各种活动和情境。同时，两大组织也提出了高质量学前融合教育的三大特征：可接近性、参与度与支持性。这次声明为美国的学前融合教育提供了未来的发展方向，也是各种学前融合教育质量评价在制定评价标准时应遵循的前提与原则。

除了美国这两大组织的联合声明，很多研究者也就学前融合教育质量的要素、特点等进行了广泛的研究。其中贝赛（Buysse）、斯金纳（Skinner）和格兰特（Grant）通过调查成功实行融合的学前教育机构得出高质量的学前融合教育的质量要素：发展适宜性教育、合格的教师、家长参与和支持、良好的设备和教室环境、作用和绩效、服务的时间长度、师生比例、成人的需求、儿童健康和福祉、为特殊儿童而改善师生比、调整环境来符合个别需求、统合式的治疗或服务、介入的策略、特殊儿童的比例、家庭访视和其他融合安置的选择等。而布里克（Bricker）在整理学前融合教育的过去、现在与畅想未来中提出成功的融合教育至少需要三点，即态度与理念、专业的技能和知识以及支持系统。

相较于我国而言，我国台湾地区在学前融合教育质量方面的研究走在前列，其中刘学融认为优质的学前融合教育的指标包含 50 个项目，可主要分为融合教育理念与态度、教师专业、支持系统、心理环境与物理环境这五大方面。而温惠君与郑雅莉在总结了前人的研究之后提出了适合台湾地区的融合教育质量标准体系，结合两者的研究成果，可以将其标准体系概括为：（1）物理环境，即无障碍设施、空间的大小及安全、设施设备的公平使用等；（2）心理环境，即人人得到公平对待与尊重、良好的同伴互动和师幼互动等；（3）课程教学，即课程设计、课程调整，学习目标个别化、同伴的合作教学、评估手段的多元化等；（4）支援系统，即专业人员的支持、家长参与、行政支持、社区资源等。在这一系列的融合教育质量标准下，台湾在融合教育实施方面也开展了现场教师行动方案的研究，涵盖理念、目的、现场问题、解决途径与行动研究等五要项，通过量化的评估和步骤，循环实施并进行成效评估。在其对融合教育的实施现况的初测中就已包含师生接纳关怀、课程教学调整、资源与支持系统、无障碍与辅助科技这四个层面的 32 项指标。

而在中国大陆，学前融合教育质量方面的研究还处于起步阶段。胡碧颖等人在分析学前教育质量理论的基础上提出了学前融合教育质量评价的理论构建，为编制适合中国国情的学前融合教育质量评价标准提供了方向和建议。而张国栋也在总结了国外研究的基础上，认为学前融合教育质量的核心维度为物理环境、心理环境、课程教学与支持系统。这四大维度大体上与台湾学者研究所得出的学前融合教育质量标准体系类似，体现了学前融合教育质量要素普遍的内在一致性。

二、不同质量维度下的学前融合教育现状

结合上文所提到的学前融合教育质量的要素，笔者认为，学前融合教育应存在共性的五大质量维度，即融合的态度与知识、物理环境、心理环境、课程教学与支持系统。接下来将分别在这五个维度下阐述学前融合教育现状的研究，以中国为主：

（一）融合的态度与知识

融合的态度与知识这一维度主要包括参与融合的工作人员（教师、保育人员、专业人士、家长等）对于融合教育的理念、态度、信念和相应基础知识的理解。在这一维度

下的学前融合教育现状的研究较丰富，台湾的钟梅菁在研究学前教师融合教育专业知识得出，台湾地区学前教师普遍认为了解一般幼儿、特殊儿童发展上的异同点，进一步协助特殊儿童在班级中的适应是融合教育基本理念中相当重要的项目。而在中国大陆，李伟亚调查了国内幼儿园特殊儿童的生存现状，发现幼儿教师对待特殊儿童的态度和应对方式有待进一步改善和提高，只有 27.3% 的有发展缺陷的儿童和 26.9% 的有发展缺陷可能的儿童能得到与其发展水平和特点相适应的教育，而 17.2% 的有发展缺陷的儿童和 14.7% 的有发展缺陷可能的儿童的行为和活动会被教师放任或忽视。孙玉梅也在其研究中得出幼教工作者有一半以上表示对特殊儿童有一定的了解，而这种了解很可能只是停留在表面，至于这些特殊儿童的心理特点、教育方式以及教育原则等恐怕并不清楚。综合此类研究来看，中国大陆在这一质量维度下的学前融合教育现状并不乐观，且大多数研究以自制问卷的形式开展，缺乏科学系统的质量评估框架。而国外在融合的态度与知识方面已达到了较高的质量水平，琳达（Linda）在其研究中就指出拥有较高融合教育知识和学位的教师能够提供更为有效的学前融合教育，且国外从事特殊教育的教师学历往往在本科以上，在学前融合教育的认知上也较为充分。

（二）物理环境

物理环境，是指幼儿园为幼儿提供的学习和生活的场所。在这一维度下同时又兼顾质量标准的研究主要有胡碧颖在 2010 年运用美国的《幼儿学习环境评量表（修订版）》（ECERS-R）对北京 7 个实行随班就读的幼儿园在学习环境质量上的评估，结果发现其物理环境处于量表的中等水平，大部分幼儿园在与幼儿相关的展示这一方面得分最高，而隐秘空间得分最低，且大部分教室忽略了为幼儿提供柔软性的设施和玩具。而张国栋通过个案研究指出我国幼儿园物理环境在学前融合教育上存在着有限适用性，同时在自由与安全两方面存在着很大的矛盾。综合此类研究可以发现，目前国内幼儿园在学前融合教育的物理环境方面仍存在较大的提升空间，尤其是欠发达的中西部地区，教室空间区域规划不合理、缺乏无障碍设施和低觉醒的环境区域、适合学前特殊儿童的材料投放不及时与环境调整缺乏指导等都是亟待解决的问题。

（三）心理环境

心理环境，是指为特殊儿童提供心理支持的精神氛围。西尔维娅（Silvia）在其研究中得出对于特殊儿童来说，同伴的及时帮助、高质量的师幼互动、成人的指导是最能帮助幼儿建立良好心理氛围的因素。而大量的国外研究也表明融合教育的实施使得普通儿童与特殊儿童均在亲社会行为方面得到了显著地提升。虽然随着社会对差异性越来越包容，但目前中国大陆在学前融合教育心理环境方面的质量仍然堪忧。有研究显示：在实施融合的普通幼儿园中超过 2/3 的有发展缺陷的儿童和将近一半的有发展缺陷可能的幼儿会遭到正常同伴的拒绝。由此可见，大部分特殊需要儿童并没有得到正常同伴的接纳，而是被排斥在正常同伴群体之外。同时，就研究内容而言，目前中国大陆大量的研究主要通过问卷和观察，研究教师、同伴、家长等群体对学前融合教育环境下的特殊儿童的接纳程度，但对教师、同伴或家长与特殊儿童进行互动的方式，互动过程中的策略与反馈的有效形式，评价师幼、特殊儿童与正常儿童间的互动质量的具体标准等问题仍缺乏深入的探讨。

（四）课程与教学

课程与教学，即为特殊儿童而调整的课程内容、目标与教学方式、策略。美国学前融合教育在课堂中对有特殊教育需要的儿童采取的主要教学策略是基于活动的早期干预策略，它是在综合了儿童早期教育理念和行为矫正策略后发展起来的，以特殊儿童为主导，以自然环境中发生的事件为教学内容，并在教学活动中融入学前特殊儿童的个别化发展目标。而中国大陆在学前融合教育课程与教学方面的研究目前主要集中在理念层面，缺乏探索性的实证研究。其中，邓猛认为融合教育的课程应该具备弹性，反映特殊儿童不同的学习需要。在课程调整上，要注意做到课程准入、提供资源与服务和课程分层，确保每一个特殊儿童都能充分并且有效地参与到教学活动中来。在台湾地区，研究者已开展了一定数量的实证研究。其中，王天苗运用教学资源进入融合幼儿园中探究学前融合教育的实施模式，发现幼儿园教师在教学与课程的设计、调整和个别化教育计划的制定中需要专业人员的支持，在运用评估结果和咨询建议上也存在困难，无法主动地善用辅助资源。就目前而言，大陆与台湾地区均存在幼儿教师作为学前融合教育实施的主要成员在专业方面的支持和资源储存上明显不足的问题。在缺乏质量标准的现状下，一线教师较难找到改进的方向，同时对个别化教育计划的陌生反映出中国学前教育中拥有特殊教育背景或相关知识经验的教师的缺乏，这也导致了中国学前教育教师无法及时对课程与教学进行调整，从而难以保证学前特殊儿童的受教育质量。

（五）支持系统

支持系统指的是对特殊儿童有关人员的专业支持。有研究者通过访问十几位试行学前融合教育的幼儿园园长，总结出了中国大陆幼儿园缺乏专业教师、政府资金投入和具体实施计划不到位的现状。也有研究指出，台湾地区的幼儿园教师的支持系统以家长的支持或了解（约 21%）为主，其次为园长的支持或了解（约 20%）、专业人员的协助或咨询（约 20%）、相关训练（14%）、人力支援（约 11%），教师得到的以心理支持为主，对教师在面对特殊儿童所遭遇的状况或问题少有实质的帮助。在特殊教育的师资培养方面，中国大陆 137 所普通高等师范院校中已开设特殊教育必修课或选修课的仅有 19 所。而在国外，美国不仅于 1990 年将《全体残障儿童教育法案》更名为《有能力缺陷的个体教育法案》（IDEA），提出了零拒绝、非歧视性评估、免费和适当教育、最少限制环境、合法诉讼、家长参与等六项基本原则，还为学前特殊儿童提供多样化的支持服务。由此可见，中国大陆在学前融合教育的支持不仅仅是在政策上、财政上需要重视，更应该开展融合教育的教师培训、专业团队巡回服务、融合模式探索等多样的实践性研究，加快、加强普教—特教的合作与专家团队的指导，在家庭、社区等方面给予适当的支持。

三、结论与建议

（一）结论

通过对学前融合教育质量的概述、不同质量维度下的学前融合教育现状的研究两方面的阐述，可以得出以下结论：

其一，中国大陆在构建学前融合教育质量观念上缺乏理论创新，公平的教育理念因具体国情（如班额过大、家长排斥等）难以深入渗透到公众心底，教师与行政人员对学前融合教育的质量内容与要素也存在模糊。《萨拉曼卡宣言》中定义融合教育是面向所有儿童的教育，而联合国教科文组织（UNESCO）2005 年出版的《融合教育指南》中也提到融合应是积极回应学生多样性的动态过程，并且个体差异不应被看成是问题，而应被看成是增进学习的机会。因此，营造多样化的学习环境与机会，让每一名孩子都获得成功是学前融合教育质量观念上应有的要求。

其二，缺乏适合中国大陆实情的学前融合教育质量评价工具。目前国外对学前融合教育进行质量评估的专业性量表主要有沃勒瑞（Wolery）等人 2000 年编制的 QIEM 量表、欧文（Irwin）2005 年编制的 SpecialLink 量表与广泛运用的 ICP 量表。其中 QIEM 量表侧重全面的、个性化的学前融合教育质量评估，涵盖了个性化支持、物理环境的可负担性、参与度、同伴互动、融合理念与态度、教师专业支持与师幼互动这 7 项内容。而 SpecialLink 量表则包含了两大子量表。其中，融合教育实践评价量表（Practices Profile）用以评估融合教育的实践情况，并融合教育理念评价量表（Principles Scale）

则用以评价进行融合教育的相关人员的融合理念、信念以及责任感。ICP 则专注于测量融合教室内学前融合教育的质量情况。而目前中国大陆对此类国外质量评价工具的运用和创新较为稀少，也没有建立相应的质量评价标准，因此大量研究难以通过量化来体现国内学前融合教育质量的现状。

其三，中国大陆学前融合教育的研究现状较为分散，集中于同伴接纳、教师融合态度方面，难有清晰的质量框架和整体性，且研究以理论性偏多，实证性偏少。相较于国外清晰的学前融合教育质量标准，中国大陆：一是缺乏有关学前融合教育实施标准的法律保障，二是在政策、财政上的支持力度不够，三是缺乏专业团队的技术指导，从而使得现状难以有实质上的转变。若能进一步完善宏观支持系统，培养专业化的师资力量，争取高校特殊教育专业的教师与学生入园服务与观摩，同时开展学前融合教育质量方面的实证性研究，则会在整体上使学前融合教育有一个从量到质的飞跃。

（二）建议

针对以上学前融合教育的现状，笔者认为可从质量的视角出发，对学前融合教育做出以下努力：重构多元的、动态的学前融合教育质量观，通过实证性研究来改变大众对学前融合教育的理念与看法。满足学前特殊儿童对物理环境的需求，及时进行调整，包括无障碍设施的配备等。提升特殊儿童亲子教育、同伴接纳与师幼互动方面的质量，营造无歧视的心理环境。培养具有特殊教育背景的学前教师来帮助普通教师进行课程与教学的调整，采用资源教室、巡回服务等多种方式帮助特殊儿童实现高质量的融合。建立健全的社会支持系统，从幼儿园、家庭、社会三方面形成不割裂的支持体系才能保证学前特殊儿童的融合质量。加强学前融合教育质量方面的理论与实践研究，不仅仅局限于目前的 5 大维度，而应依据中国国情细化质量维度，制定科学系统的质量评价标准。

第三节　区级学前融合教育师资队伍建设

区级学前融合教育师资培养是对区域内普通幼儿园教师进行融合教育专业知识、专业能力、专业信念等方面的培训，为区域内学前融合教育发展提供师资队伍的支持保障。自 2013 年以来，南京市鼓楼区面向普通幼儿园教师定期开展教师专业发展培训，建立指导网格和制度，以求最大限度地从政策到资金、从专业到舆论给予融合教育完备、健全的支持性服务，以建立完善区级学前融合教育教师培养机制，进而实现本区域学前融合教育的整体普及化和优质化。

作为在学前教育和特殊教育领域处于全省领先地位的南京市鼓楼区，我们提出“首善”的理念，“一个不能少”地让每个儿童接受高质量的教育。纵观幼儿园教师教育生涯和专业成长历程，他们有可能遇到需要特殊照料、特殊关怀、特殊教育的儿童。这些儿童的教育需要依靠融合教育进行干预协作来完成。学前融合教育是指将 3 ~ 6 岁学前阶段的特殊儿童与普通儿童放在同一环境中共同生活、学习、游戏，接受全融合与半融合教育。教师的接纳态度、融合教育认识高低和能力强弱会影响特殊儿童生活与学习的质量。基于这种重要性，幼儿园教师的职后培训要关注特殊儿童的成长与发展，研究针对特殊儿童的教育策略与干预方法，提升幼儿教师的融合教育素养。据此，南京市鼓楼区提出了学前融合教育师资培养的路径与策略。

一、区域学前融合教育师资队伍的困境

随着学前融合教育的日益发展，区域对学前融合教师的需求越发增多。作为区教师发展中心，提升幼儿教师的融合教育素养是推进区域学前融合教育师资队伍的重要部分。

（一）融合教育师资队伍建设整体架构不完善

通过前期调查，我们发现区域学前融合教育缺乏必要的师资、专业支持、制度支持、经费支持等，整体架构不完善。例如在南京市鼓楼区普通幼儿园中，学前特殊需要儿童数量及受教育状况是逐年动态变化的，普通幼儿园中学前特殊需要儿童师资供求又是与日俱增的，应建立区域融合教育资源教师队伍的结构、程序、培训等机制，从而为今后在更大范围内实施融合教育提供经验。

（二）融合教育师资队伍专业支持的缺失

融合教育师资队伍的专业支持是师资队伍建设面临的严峻挑战。例如关于系统建构培训课程体系，应分设核心课程和不同的课程板块以供教师选择，强调培养学生与家庭合作的能力，通过交互式培训、研究性培训、远程式培训等策略，使特殊教育学校与相关幼儿园联合培养，片区种子教师整体普及，以求建构长期性、实践性、辐射性的精品化培训课程。

二、区域学前融合教育师资培养的路径

针对以上困境，我们探索了以下实施路径。

（一）组织实施：强化主体责任并建立区域支持系统

1. 成立区级特殊教育专家指导委员会

为把握特殊教育发展以及融合教育师资培养的正确方向，由区教育局局长牵头，我们聘请了高等院校、省市教科院、省市教研室的专家和政协、残联的领导作为鼓楼区特殊教育的长期指导者、合作者、支持者，成立专家指导委员会，提供区级特殊教育改革和发展的决策支持。

2. 形成区级融合教育幼儿园的社区网络

我区共有 90 所 4 种不同性质的幼儿园，每年接收近 2 万多名适龄幼儿入园。幼儿园分布在 13 个街道，相对应每个街道都有一所专门接纳特殊需要儿童入园的幼儿园。这些园所接纳的特殊需要儿童较普通幼儿园比例偏高，同时这些园所都有 1 ～ 2 位近几年区级扶持、培养的融合教育教师，如华侨路街道的南京大学幼儿园、中央路街道的金达幼儿园等。

3. 创建区级融合教育的推动机制

首先，在区教育局的支持下，建立了以区教师发展中心和特殊教育资源中心为载体的区学前融合教育统筹组织机制，加大对全区开展学前融合教育专业支持的协调组织力度。其次，建立了开展学前融合教育的普通幼儿园融合教育工作制度，明确工作要求和基本工作规范。最后，我区合理配置资源教师，即三年完成每四所园以上（含四所园）配置一位资源教师，五年完成每两所园配置一位资源教师。

（二）团队组建：基于教师内生需求的多类别构成

1. 在发展层次上，形成代际传承和发展梯队

研究初期由课题主持人领衔，带领 3 位子课题负责人（均为园长）进行攻关，每周一次蹲点园所，观察 1 ～ 2 名目标儿童，研究儿童成长状况、师生关系、同伴关系。在园内，此类儿童教育的重点是“适应”，教师教育的难点是“态度”。因此，我区寻找出融合教育课程培训的经验，初级研究面向的是在学前融合起步探索阶段的普通儿童教师，培训重点是态度、理念和价值观层面；中级研究主要围绕融合教育的核心课程，帮助普通儿童教师将理论应用于实践，进行实操层面的指导。

2. 在专业背景上，实现普特融通和结构优化

区教师发展中心主任和区资源中心主任作为主要负责人，建设以核心组 3 位园长为指导教师的名师工作室，面向全区普通幼儿园和特殊学校招募优秀教师。名师工作室 3 年为一周期，初步建立资源教师孵化机制，形成学前融合教育基础工作队伍。研究中期

课题核心组得到扩大，特殊教育专业的资源教师（专家）、相关专业的人员（医生、社区工作者）等加入其中，每两周一次蹲点园所，观察 1 ～ 2 名目标儿童。

（三）方案开发：初建区域教师专业学习的课程体系

1. 方案前期调研分析

通过走访调查发现，幼儿园教师对融合教育理念认识不足，当遇到情绪障碍儿童、自闭症儿童等时难以驾驭，区域研训内容缺乏针对性、选择性、应急性。因此，我们将学前融合教育培训纳入全区普通儿童教师培训系列，使培训内容具有针对性和可选择性。

2. 预设培训层次与模块

在培训的层次上，由区教师发展中心统一部署，采取区级培训、园本培训和省市网络学习平台相结合的方式，培训内容为融合教师专业师德与理念、知识和技能、教科研能力以及自身心理建设。在知识和技能模块中，我们还进一步细化，包括融合教育基本概念和知识、边缘儿童与融合教育儿童识别、融合教师班级管理能力、融合教师教育教学能力、融合儿童班级环境创设能力、融合家长协同指导能力。

3. 调整培训策略与方法

在调查中发现，大部分幼儿园教师对于案例研讨和经验分享更为认可，互动性质的交流可以帮助教师有针对性地反思和解决自己面临的问题。因此，在融合教育教师培训中，增加了以教师为主体的研讨模式的比例，如教育沙龙、现场观摩、案例分享和教育访谈，使培训的效果更好。

（四）运行策略：融入教育实践的教研学一体化行动

1. 以实际困难为任务驱动

在充分了解幼儿教师培训需求的基础上，紧紧抓住实践中的问题和困难，有针对性地进行培训。在学前融合教育全过程阶段，我们将态度和信念培养融入教师培养目标中，通过丰富多彩的教学活动和汇报交流（如融合教育故事会等），使普通儿童教师充分认可和接纳学前融合教育，并以此作为后面专业知识、专业能力培养的基础。

2. 持续项目引领和任务驱动

筹划定期的学前融合教育的跟踪培训和学前融合教育研讨活动，加快鼓楼区学前融合教育的深入实践和有效发展。“暑期千人培训”项目是我区教研培训的传统项目，已持续 15 年。我们以研训班级的方式组织培训，于 2014 年、2016 年、2018 年举办“幼特融合教育培训班”活动，提升了教师实施融合教育的观察水平、个别化教育指导、班级管理等实操技术，完善了教师实施学前融合教育的行动技能。培训的主要内容有特殊需要儿童的观察要领与技巧、观察儿童的基本方法、个别教育计划制定、个案撰写、特殊需要儿童的行为甄别、资源教室的创设与运行等。

3. 深入研发融合教育常规研训内容

在融合教育大背景下，教师教育的培养目标是培养更多掌握特殊教育和普教双重专业知识和技能的融合型教师。在区域调整学科研训班的时候，我们新组建了“社会—融合”研训班。将“社会—融合”研训班作为普通儿童教育与特殊教育的中介，既是日常教学研训活动的实施载体，也是教师融合教育发展研修的具体场域。六年里，我们从儿童社会性成长的现实需求出发，聚焦理论与实践的转化应用，在具体的教育实践中生成、发展教师的综合能力。

4. 拓展园本培训的内容

试点园中有的园所成立了融合教育教研组，有的园所根据本园特殊需要儿童的特点，在园本研训计划中增设了融合教育主题和内容，定期开展培训研讨活动，提升教师的专业化水平，促进儿童的身心健康发展。如南京市于家巷幼儿园侧重开展学前特殊需要儿童班级环境创设的实践研究，利用良好的环境教育，为特殊需要儿童的成长提供有力支持；南京师范大学紫金幼儿园侧重自闭症儿童专项研究与探讨，整理了对此类儿童的教育管理方法；南京市小天使幼儿园侧重听障、语障和多动症儿童专项研究与探索，尝试用行为训练与行为矫正的方法，帮助儿童适应在园生活。

（五）共享创生：促进共同体成员合作分享和协同发展

1. 走出去，引进来

培训的形式可以是多样性的，既需要普通儿童教师“走出去”学习最新的特殊教育理念与方法，又需要“引进来”相关专家学者巡回指导。如：与高校合作开展相关专家系列讲座；在“国培计划”中设立特殊教育骨干教师培训项目，增加融合教育培训内容，增强教师的融合教育理念和指导特殊需要儿童随园保教的能力；也可以将短期集中培训变为持续性研修，利用互联网加强网络自主研修，切实解决教师实践中的问题。

2. 借创建，助成长

借助省市资源室创建与评比工作，激发教师的动力。我们先后对 6 所试点园展开走访，发现每个园所均开设了资源教室，配备了资源教师，基本做到功能定位准确、格局设置合理，为特殊需要儿童提供专业支持与和谐的成长环境。如南京市于家巷幼儿园的“快乐游戏室”重在区域化、游戏化，南京市十四所幼儿园的“宝贝加油站”更加强调功能化，注重康复的重要性。

3. 引专家，上台阶

我们除了建立专家指导委员会以外，还建立了小学、学前段融合教育专家资源库。对融合教育教师优质课、论文（案例）评比、个人课题评审以及个人荣誉、工作绩效评定等，均抽取库中专家轮流作为评委。每次活动完毕，我们邀请专家提出意见和建议，以备更好地完善今后的工作，充分发挥专家的引领和指导作用。

学前融合教育师资队伍建设是一项长期而又复杂的工程。通过研究，我们解决了关键性的问题，但随着时间推移和社会变革，会有新问题出现，尚待进一步探索研究。

第四节 学前融合教育发展态势及其评价

学前融合教育的产生与普及是在民主与人权逐渐发展，教育机会均等与教育公平观念深入人心的现实下进行实践的，最早在西方发达国家进行，然后逐渐在世界范围推广开来。也正是在此思潮的推动下，中国学前融合教育得到发展虽然起步较晚但是经过多年的发展，我国学前融合教育的发展仍然取得了较大的成就，已经初步建立起了一套符合中国实际情况的学前融合教育体系，体现出融合教育特殊儿童享有平等的教育权利，也是我国教育事业的一大进展，学前教育正是儿童启蒙的关键时期，这一时期的教育对于儿童身心健康与日后的发展至关重要。对于融合教育发展的研究在国内外成为热点，也取得了丰硕的成果。

社会对于学前融合教育的认识在逐步改观，相应的教师培养机制也在改革适应，家长与学校之间的默契度不断提升，学前融合教育正在成为我国教育的常态。在此基础上，社会认识的矫正为我国学前融合教育的发展打下了基础，为教师培养机制的突破壮大了专业人才队伍，家长与学校之间默契度的提升营造了一种良好的发展氛围。

学前融合教育是指将有特殊需要的儿童进入普通校园，与一般适龄儿童一起接受教育的教育模式。学前融合教育模式是对传统学前教育模式的突破与补充，充分体现了教育平等，尊重了儿童的受教育权，融合教育无差别地对待，保障了儿童的受教育权利。学前融合教育的概念最早是在西方发达国家提出的也是在西方率先进行实践的。中国最早进行现代化学前融合教育探索是在 90 年代，近几年随着教育机会均等观念的进一步深入人心以及我国有特殊需要的儿童人数在大幅度提升，特殊儿童教育问题日益严重，我国的学前融合教育才得到了进一步的发展。

一、学前融合教育发展态势

（一）社会对于学前融合教育的认识逐步改观

经过多年的发展，我国学前融合教育的发展已经取得了一定的成就，其中一个重要的发展态势就是意识层面的突破。目前我国社会对于学前融合教育的认识正在逐步改观。在传统观念中特殊儿童一般是接受特殊教育，或者直接不接受教育，大多家长也觉得这类儿童没有接受教育的必要，或者认为这类儿童是无法与一般儿童一起接受教育的，对于学前融合教育长期以来存在认识的盲区与误区。随着这几年学前融合教育的逐步普及，学前融合教育观念也被越来越多的人所接受，人们开始意识到了学前融合教育的必要性与正确性，社会对于学前融合教育的认识正在逐步改观。

（二）相应的教师培养体制在改革适应

中国学前融合教育设想最早在 1989 年提出，但是在随后的实践中，教育师资培训中没有设置相应的特殊教育课程，具有特殊教育专业背景的普通儿童教师严重缺乏，这也直接导致了我国学前融合教育发展的缓慢。但是在近几年，这一困境被打破。学前教育专业加入了相应的特殊教育课程，普通师范院校也将特殊教育当作必修课与选修课，特殊教育教师培养体系已经初步建成，并与我国学前融合教育的现实相适应，这是我国教育事业在近几年发展中的一大突破，也是我国学前融合教育迈上一个新台阶的标志。适应性与可操作性俱佳的教师培养机制，壮大了师资力量，使得我国学前融合教育的发展覆盖范围更广，发展前景更为广阔。

（三）家长与学校之间的默契度在提升

与一般学生相比较，特殊儿童具有自身的特殊性，他们的心理更加敏感，也更加依赖家长，因此学前融合教育需要家长与学校之间保持密切的联系，进行有效的沟通。这些在传统教育中是不常见的，但是随着学前融合教育的逐渐普及，一个显著的变化就是家长与学校之间的默契度在提升，通过家长与学校的沟通建立起了一个更宽广、更有力度的平台，保障了学前融合教育的顺利推行。在互动中，家长与学校对学生学习生活信息进行共享，互补不足，从而对学生的学习与生活情况有一个全方位的了解，对于特殊儿童健全人格的培养大有益处。这也是我国教育事业的一次转折，在大多数人的观念里，我国教育都是家庭与学校分开的，家庭更多的是生活支持与道德教育，而学校承担的主要是知识学习，二者存在明显的界限，而学前教育发展中学校与家长之间的互动，默契则是一次转折突破，是人性化教育的体现。

（四）学前融合教育正在成为我国教育的常态

现阶段，让特殊孩子和普通孩子一起接受教育的“融合教育”先进理念，正被越来越多的人接受。学前融合教育已经成为国际学前特殊教育的发展趋势。在追求民主和人权的世界潮流下，教育均等已经成为多数国家重视的理念，我国同样也开始重视特殊教育，开始认真看待学前融合教育问题。自 20 世纪 80 年代起，我国开始关注特殊儿童的早期教育。经过十几年的发展，融合教育已逐渐成为我国学前特殊教育的主要形式之一，也越来越被大众所认同。

二、对学前融合教育发展态势的评价

（一）社会认识的矫正为我国学前融合教育的发展打下了基础

学前融合教育作为一种新事物，要想在社会上立足，发展，就必须得到社会大众的理解支持，这是新事物发展的基础。而这种接受首先就是意识层面的认识，社会对于学前融合教育正确的认识，突破了以往认识的盲区与误区，为我国学前融合教育的发展打下了基础。这是学前融合教育在普及过程中迈出的一大步。从我国目前的现实情况来看，各种新事物的发展，其中一个最难突破的领域就是意识，意识缺乏、意识错误等都对作为新事物的学前融合教育的发展造成了严重的阻碍，因而社会对于学前融合教育的正确认识，是对于学前融合教育发展的重要推动力。

（二）专业教师培养机制的突破壮大了专业人才队伍

学前融合教育具有自身的特殊性，因此对于师资力量也提出了新的要求，要求学前融合教育教师具备一定的特殊教育知识，掌握特殊儿童的教育方式方法，为他们的身心健康创造一个良好的环境。目前已经建立起来的专业教师培养机制突破了固有模式，改善了我国学前融合教育师资力量不足的状况，壮大了学前融合教育专业人才队伍，保障了学前融合教育顺利有序进行。

（三）家长与学校之间默契度的提升营造了一种良好的发展氛围

目前我国学前融合教育主要是随班就读，与一般儿童一同接受教育，但是必须正视特殊儿童接受教育的特殊性。他们对于家长的依赖远远超过对学校的依赖，学校在他们接受教育的同时，给予一定关怀、鼓励，因此这就需要家长与学校进行有效地沟通，相互之间具备高度的默契，共同促进学前融合教育的发展。从目前的发展态势来看，家长与学校之间已经形成了一定的默契，为学前融合教育发展营造了一种良好的发展氛围。

（四）我国学前融合教育任重道远

从我国学前融合教育的发展态势来看，尽管我国社会对于学前融合教育的认识有了改观，专业的人才队伍在不断发展壮大，家长与学校之间建立起了高度的默契，但是也要看到，我们学前融合教育的发展尚处于初级阶段，还需要进行更多的突破。在未来的发展过程中还会遇到许多新的问题，每个阶段所出现的问题都对我国学前融合教育提出了新的挑战。我国学前融合教育的发展之路注定是前途光明而曲折的，需要我们付出更多的努力，进行更多的尝试，并结合中国教育的实际情况，让学前融合教育实现大发展，更好地造福特殊儿童，体现教育公平与教育机会均等，任重而道远。

从我国融合教育的发展现状来看，目前我国社会对于学前融合教育的认识在逐步改观，对融合教育有一个更加正确的认识；同时相应的教师培养机制在改革适应，家长与学校之间的默契度在提升，学前融合教育正在成为我国教育的常态。对于这些学前融合教育发展趋势的评价也应该看到这几个方面：社会认识的矫正为我国学前融合教育的发展打下了基础；专业教师培养机制的突破壮大了专业人才队伍；家长与学校之间默契度的提升营造了一个良好的发展氛围，以及我国学前融合教育任重道远，需要付出更多的努力，做出更多的行动来推动我国学前融合教育的现代化发展。

第五节　学前融合教育多元人际支持系统的构建

早教教育是指对 0 ~ 3 岁婴幼儿就进行有组织、有计划、有目的保教活动，0 ~ 3 岁是婴幼儿生长发育的黄金时期，在这个时期对婴幼儿进行有效的早期教育，会在一定程度上影响婴幼儿一生的发展。特殊儿童教育是使用一般的或经过特别设计的课程和教学组织形式及教学设备，对有特殊需要的儿童进行旨在达到一般和特殊培养目标的教育，它的目的和任务是最大限度地满足社会的要求和特殊儿童的教育需要，发展他们的潜能，使他们增长知识、获得技能、完善人格，增强社会适应能力，成为对社会有用的人才。

学前融合教育让特殊儿童有机会与普通儿童一起学习生活。融合教育不仅需要让特殊儿童与普通学生在物理空间上结合，更重要的是为特殊儿童提供足够的支持。这种支持，既包括显性的特殊教育手段、条件，也包括隐性的环境和氛围，它以人际支持系统为主要元素。良好的人际关系是个体心理健康的重要前提，对于特殊儿童而言，其作用就更为突出。因此，如何构建融合教育中良好的人际支持系统，成为实现融合教育成效的重要条件。

一、构建接纳、关心与理解的师幼关系

学前特殊儿童由于生理或智力方面的缺陷，能力相对更弱，这就需要老师付出更多的关心、耐心与细心。教师除了要给予他们应有的照顾与帮助，还要引导特殊儿童学习基本的生活技能，让他们自理自立起来。然而，比生活照顾更为重要的是，教师应在心理上接纳孩子，接纳孩子的缺陷，让孩子在关爱中，日渐阳光起来。同时，教师还应相信孩子有无限教育的可能，并在日常生活与教学中观察孩子的喜好，发现孩子的闪光点，研究孩子成长与发展的切入点，在此基础上，启发与引导孩子，积极地参与班级各项活动，使孩子在身心各方面都得到更好的发展。

我们的做法：异常中的正常 + 行为矫正

菲菲是轻度的唐宝宝（唐氏综合征患者），自我管理能力弱，无法集中注意力听指令，会突然大叫，偶尔还会有过激行为，一不留神，她就跑得无影无踪……这给班级工作的正常开展带来了不少麻烦。她刚来那阵，班级老师还能包容她，时间一久也渐带厌烦情绪，抱怨不断。面对这种情况，我与班级老师共同查阅了唐氏综合征的相关知识，了解到她的异常行为是由于她所患疾病所致，这些行为对于健康的孩子来说可能有些异常，但对于患病的她来说就是再正常不过。

有了“异常中的正常”的观念，我们不再对她的行为“种种计较”，尝试着用接纳与理解的心态去看待，并采取了一些适合她的行为矫正方法。例如，她管不住自己，我们请老师帮助她；她听不懂指令，就多讲几次，引导她模仿多练几次，直到她会为止；她大叫时，不给予关注，当她安静时，就给予表扬，表扬她声音轻真好听；引导她学习和交友的正确方法，鼓励大家和她做朋友，万一她有过激行为，鼓励其他小朋友躲开而不是回击；她喜欢跑，就让她和小朋友一起比赛跑步……渐渐地，她的不良行为减少了，脸上的笑容多了……

二、构建友好、互助与合作的双赢的同伴关系

维果斯基的社会建构理论提出，儿童总是通过与环境的互动与内化来建构知识与发展人格。能力突出的同伴，就如同建房子的脚手架，会帮助个体获得更大的发展与成功，这正如普通儿童与特殊儿童。融合教育环境，犹如特殊儿童的“脚手架”，他们与比自己强的孩子（正常）长期生活与学习，耳濡目染习得了常态社会化的生活习惯与能力，这有助于他们日后顺利融入主流社会。但特殊儿童能否受益于普通儿童，取决于普通儿

童对特殊儿童的友好、互助与合作的态度，取决于他们之间的同伴关系。对普通孩子而言，自小学会接纳与关心特殊孩子，有助于他们在未来的生活中接纳尊重差异、形成多元意识，不断学习爱的习惯与能力，也会让他们更加珍爱自己、珍爱身边人。因此，教师在对特殊儿童进行引导与教育的同时，要着力构建幼儿良好的同伴关系，让孩子在友好、互助与合作的同伴关系中得到潜移默化地影响与发展。

如何让孩子们能形成良好的同伴关系，光看老师对普通孩子的说教是远远不够的。单方面的说教可能会让他们学会谦让特殊孩子，但并不能让他们从心里真正树立起和特殊孩子做朋友的意识。一方面弱化特殊孩子的“特殊”，另一方面还得扬长，即发现特殊孩子的闪光点，让他们赢得普通孩子的“真心”。

我的做法：扬特殊儿童所长——我们的“爬竿冠军”

随着年龄增长，菲菲的不良行为渐渐招致了不少过于“懂事”孩子的不满。如何让大家真正愿意和她做朋友，这成了一直困扰我们的难题。通过观察，我们发现她爬竿特别厉害，而且这个本领只有她一个人会。于是，我决定组织一场“爬竿比赛”，赢了的孩子将成为我们班的“爬竿冠军”。比赛结果可想而知，大家顿时对“爬竿冠军”——菲菲崇拜至极，菲菲也特别开心、自豪。为了巩固这场比赛的效果，我们鼓励大家向冠军学习爬竿的方法，菲菲也热情地手把手地教起每一位热心的学习者。于是，菲菲不仅成了爬竿冠军、大家的小老师，还成了大家的好朋友，他们一有机会就一起比赛爬竿，并慢慢发展到一起玩游戏、玩区域活动，学本领也会坐在一起。

三、构建民主、平等、畅通的家园沟通渠道

特殊孩子的家长，往往因为孩子的问题或多或少存在消极的心理障碍，对于老师常常采取小心翼翼的回避态度，如害怕老师告状、害怕遣退孩子、害怕要求花高价聘请随班就读的老师，因此他们一般不太愿意与老师沟通交流。作为教师，在意识到家长的这种心理后，就要用民主平等、积极热情的态度，主动与家长就孩子的问题真诚友好地沟通与交流。在报告孩子在园的情况的基础上，向家长了解孩子的家庭背景与在家情况，并在此基础上，与家长共同商讨可行的教育策略，让家长感受到老师也是为了孩子有更好的发展，从而消除疑虑，更好地配合幼儿园的各项工作。

我们的做法：畅通家园沟通渠道

菲菲父母很少主动和我们联系，接送的阿姨成了我们家园沟通的传声筒，他们也拒绝了一切班级亲子活动，从来不和其他家长互动。经过接触了解，我发现相对于爸爸，

菲菲的妈妈性格更为温和，对孩子的教育问题也更为重视。于是，我们决定从她妈妈着手，开始家庭沟通。与她第一次郑重地沟通前，我查阅了唐氏综合征的相关的知识，并针对她的问题整理了一系列的改善方案，包括家人接纳现实的重要意义、与孩子建立接纳与尊重关系的重要性、孩子参与班级活动的重要性、如何应对孩子的各种问题。我从多方面与她进行了深入了沟通，让她意识到自己在孩子发展中的重要作用，鼓励她走进家长群，带领孩子与同伴共同玩耍，建立友好关系，并鼓励她有问题可以和我们探讨，家园共同努力解决。

在这种深度沟通后，菲菲妈一改往日的愁容，积极参与班级活动及家长群活动，每周定期与我们电话沟通咨询，家园及时解决孩子出现的问题。在她的积极努力下，菲菲爸爸态度也在慢慢转变，更重要的是，孩子的变化也极为明显。

四、构建友好互助、融洽包容的家长关系

在我国，社会对特殊儿童的包容度还十分有限。融合教育中很大一部分阻力来自普通儿童的家长的反对，他们认为特殊儿童会影响自己孩子在园的生活与学习，从心里对特殊儿童及其家庭持排斥、拒绝、忽视的态度，从而间接影响正常孩子对待特殊儿童的态度。这就需要教师对家长集体在观念与行为上加以引导，让家长群体成为融合教育的助力而非阻力。

我们的做法：四步走

第一步：坦诚。孩子来园的第一次家长会上，我坦诚地向家长公布了班上菲菲的特殊情况，并真诚地邀请家长们一起成为菲菲成长路上的“贵人”。第二步：合理化。我们将事先搜集的有关国外融合教育的图片与视频分享给家长，让他们了解国外对特殊人群的常态化做法，鼓励他们接受特殊儿童，消除对特殊儿童的偏见。第三步：晓之以理。与家长共同分析普通孩子与特殊孩子共同生活与学习的利弊，且利大于弊的辩证关系，如孩子学习接纳差异、形成多元意识，有利于他们日后的创新学习；孩子学习关爱特殊孩子，有助于他们爱的能力的发展，以后会更加爱自己、爱父母、爱身边的人，也更容易成为幸福的人……第四步：动之以情。从为人父母的角度去看待特殊孩子和家人的不容易。因为这次刚入园的发动工作，三年来，我们从未收到家长有关特殊孩子的投诉，相反，家长们极尽热情地邀请菲菲父母参与到各种活动，鼓励孩子与菲菲玩在一起，一班人其乐融融。

特殊儿童的人际支持系统决定了融合教育的成效，学前阶段是特殊儿童发展的关键

期，这种支持也就更为重要。因此，教育工作者应站在更高的高度来关注特殊儿童的人际关系，让其在快乐、温馨的氛围中获得更大的发展。

第六节　美国学前融合教育中的“最少限制环境”

20 世纪 70 年代初，兴起于美国的“回归主流”运动是国际上的学前融合教育的先声，开启了让特殊儿童在“最少限制环境”（the Least Restrictive Environment，LRE）中接受教育的新模式。当前，美国学前融合教育仍处于世界领先地位，“最少限制环境”作为美国学前融合教育的核心原则之一，促进了学前融合教育在理念引导、实施细则、配套措施等方面更加完善，既有力保障了美国学前教育的公平发展，也为世界学前融合教育发展提供了借鉴。梳理美国“最少限制环境”的发展历程及经验，对探讨我国学前融合教育发展路径有重要的参考价值。

一、“最少限制环境”的发展背景

“最少限制环境”是指教育机构在确定特殊儿童的教育安置形式时，应依据他们的生理、心理条件，将其安置在与一般环境或同伴接触最多的教育环境，即与外界隔离程度相对最低的教育环境之中。作为美国学前融合教育的核心原则，“最少限制环境”打破了传统的隔离教育模式，促进了特殊儿童教育公平的发展。

（一）融合教育理念的兴起与发展

在讨论“最少限制环境”原则的发展背景时，必先谈及融合教育的发展问题。20 世纪 60 年代，单独设立学校或班级是特殊儿童接受的教育基本形式，但受课程方案针对性差、接触普通儿童的机会少等因素的限制，特殊儿童学习动机低、自信水平低、社会孤立等问题严重。这些儿童在进入社会后出现了职业适应差、人际关系不良，甚至是妨害社会公共秩序的问题。研究者发现，将特殊儿童隔离安置的教育模式是问题的主要原因，其违背了公平与适当的原则，还可能导致社会阶层和种族差距的拉大。在此背景下，让特殊儿童回归主流（Mainstreaming）、回到普通教育机构与普通儿童一起生活、接受整合（Integration）教育的正常化思潮的兴起，逐渐成为美国学前融合教育的重要指导理念。

1968 年，美国《90-538 公法》（《障碍儿童早期援助法案》）颁布，这是最早的、联邦政府专门为特殊儿童制定的法律。随后，障碍幼童的早期教育计划（the Handicapped Children’s Early Education Program，HCEEP）启动实施。1970 年，美国政府已经建立了 24 个 HCEEP 的示范性项目，这为学前融合教育法案的制定和相关教育研究奠定了基础。1980 年，全美接受政府资助的 HCEEP 项目达到了 200 多个。其中，1978 年建立的“Chapel Hill”项目，因操作体系简单、实效性好，故普及的范围最广——有 900 多所幼教机构选择了该模式。1983 年，美国将“幼童州计划项目”纳入 HCEEP 的资助范围，服务对象的年龄范围确定为 0—5 岁。

随着 HCEEP 项目的推进，改变普通教育环境满足特殊儿童的发展，让他们和普通儿童在同一环境中接受教育逐步成为全社会的共识。1986 年，美国从法律层面对 3—5 岁特殊儿童的融合教育权做出了明确规定，当年全美 50 个州都实施了 HCEEP 计划，大量的特殊儿童及其家庭从中获益。1990 年，美国将“残障”儿童改为“有能力缺陷”的儿童，用人本化的语言表达以避免直接伤害特殊儿童及家长，并为“最少限制环境”中的特殊儿童提供个别化教育。自此，融合（Inclusion）正式成为美国学前融合教育的核心价值。

（二）“最少限制环境”的演进

“最少限制环境”在融合教育中也经历了一个发展过程。1975 年，美国最具影响的《全体障碍者教育法》（简称 EHA）规定：特殊儿童的教育安置以“最少限制环境”为原则。30 多年来“最少限制环境”经过多次修订，有特殊教育需要的婴幼儿的各项教育权利保障逐步得到完善。

随着 1983 年和 1986 年《全体障碍者教育法》的修订，将有发展障碍的 0—5 岁儿童都纳入了“最少限制环境”的范围，并规定了经费补助和公立学校参与的办法。1990 年《全体障碍者教育法》修订更名为《有能力缺陷的个体教育法案》（简称 IDEA），保留了 EHA 中全部的 LRE 条款，并按照 IDEA 理念修改了施行细则，增加了照料环境质量监测和保障特殊儿童参与社区休闲娱乐活动等两项内容。1997 年，法案完善了政府特殊教育经费保障机制，规定公立机关对教育机构 LRE 实施进行管理、监督。

2002 年，美国通过了《不让一个孩子掉队》法案，公布了鉴定有能力障碍儿童的程序，以规范“最少限制环境”的实际运行，同时还提出为特殊儿童及家庭提供环境康复保健服务及为教育机构提供研究支持。2004 年和 2008 年该法案的修订，进一步完善了尊重儿童的语言和文化差异以及非歧视性评估等内容。2009 年以后该法案的修订主要涉及经费保障。2011 年修订了 IDEA 中的 C 部分，对 0—2 岁有发展迟缓或被诊断为有身体和精神状况、可能导致发展迟缓的儿童拨付 4.36 亿美元，以改善教养环境、支持早期教育干预。总体而言，2009 年以来，美国政府的特殊教育经费维持在 126 亿美元左右，有力保障了学前融合教育的实施。

二、“最少限制环境”的实施概况

（一）实施内容

“最少限制环境”的主要内容包括：第一，学习环境在物质方面应该是没有危险的、安全的；在心理方面应该是包容和接纳的。这样能保护特殊儿童的身心免受伤害。第二，提供正常化的环境。即特殊儿童的教育、住宿、就业、社交与休闲的形态、机会与活动应尽可能与普通儿童相近或相似。第三，不控制特殊儿童，保证他们最大限度地自由探索、感知自己的身体与各种能力。第四，教育的主题、形式、内涵或兴趣方面与相同生理年龄者类似，学习的难度与相同心理年龄者相似。第五，设置最适切课程、投放活动性材料，最大限度地尊重特殊儿童的学习权。第六，整合各种有效的学习资源，提供系统化的教育服务。第七，特殊班、分离教学或将特殊儿童隔离于普通教育环境的做法，只有在普通教室中为特殊儿童增设的辅助设施和教育服务，不能满足他们的教育需要时，才能采取特殊班、分离教学等隔离的教育方式。

（二）组织方式

各阶梯的具体情况进行说明：第一，寄宿机构，是指教养机构或医院，针对无生活自理能力的儿童，隔离程度相对最高。第二，特殊学校，是指看护机构，服务于重度身心障碍儿童的。第三，特殊班级，分三种情况：半融合模式，即接受特殊教育服务时在相对隔离的环境，其他时间与健全儿童共同活动；全融合模式，特殊儿童全部时间都和普通儿童在一起学习；反向融合模式，指将 2—3 位普通儿童，在获得其父母许可的前提下，安置于特殊儿童的班级，从周一至周五，上午 9 点至下午 2 点都在一起学习。第四，资源班，是指特殊儿童有 40% 的时间在特殊班，其余时间在普通班。第五，普通班级支援性的教学服务，是指特殊儿童绝大多数时间在普通班学习，不定期接受专业服务。第六，普通班附有教师的咨询服务，是指资源班教师和巡回教师给普通班教师以专业支持。第七，普通班，是指特殊儿童在普通班与普通儿童一起接受教育，融合程度最高。

特殊儿童的安置层级，主要依据五方面因素综合判定，分别为：第一，儿童情况，即判定儿童的语言、社交、肢体等障碍类别和轻度、中度、重度等障碍程度，坚持轻者尽量统合、重者适度隔离。第二，家长的态度、期待、配合度及家庭需求情况。第三，家校距离，包括交通、往返时间、人力负担等，以保障儿童能享受家庭温暖、方便家人协助为原则。第四，教育机构的情况，包括包容性、接纳度、教育资源等支持系统。第五，辅助服务水平，包括专业团体辅导、服务及志愿者支持等。从实际情况来看，阶梯式的教育安置是动态的，强调弹性化运用，根据儿童在特定阶段（通常为 1 学年）的学习适应情况及其家长需求，将儿童向高一级或低一级的安置形式转变。

（三）实施效果评价

根据美国教育部的统计，自《有能力缺陷的个体教育法案》颁布实施 20 年（即 2009 年底）以来，全美共有 731250 名特殊儿童在“最少限制环境”中接受教育，占全体儿童的 5.7%。其中，约占总数 1/4 的发展迟缓儿童受益最大，他们在语言、身体、社会、情绪或适应性方面小幅落后于普通儿童。这些儿童经过 3—5 岁阶段的学前融合教育，进入小学时的综合发展水平已经接近或达到同龄人的正常水平〔9〕。

虽然美国首创了学前融合教育中的“最少限制环境”原则，并在学前融合教育的理论和操作方面已发展到较高水平，但也存在一些问题。如，各州实施融合教育的比例差距大，安置标准、形式差异很大，教师专业培训不足、教育理念及方针政策贯彻实施存在障碍等。美国存在的问题，也是我国学前融合教育发展在现阶段乃至未来可能面临的问题，值得我们借鉴和反思。

三、对我国学前融合教育发展的启示

保障所有儿童的教育权利，推行融合教育，这是国际学前教育的发展主流趋势之一。针对我国学前融合教育发展存在的社会接纳度低、支持系统弱〔10〕等现实问题，美国融合教育的相关经验可以提供如下启示：

（一）强化政府主导职能

其一，完善融合教育方面的法律体系，保障特殊儿童进入普通幼教机构，与普通儿童一起接受学前教育的权利。

其二，统筹教育经费、完善师资培养及培训体系，借助荣誉加经济奖励等形式支持学前融合教育工作，鼓励各类学前教育机构主动实施融合教育。

其三，广泛宣传学前融合教育，使幼儿园与其他早期教育的社会机构等更科学、深入地了解融合教育的政策及资源，引导全社会正确认识其价值。

其四，建立网络化的支援体系，引导非政府组织、高校及科研机构、志愿者团体、特殊教育机构与实施学前融合教育的机构合作。

（二）营造全方位的“最少限制教育”环境

根据我国学前融合教育面临的社会接纳程度等问题，可从贯彻“有教无类”、全面推行“不以身心障碍为理由而拒绝入学”开始，分阶段推进。

可以在教育机构中通过开展体验教育、小组互助辅导等方式，尽量减少普通儿童对特殊儿童的排斥。也可以通过有目的投放活动材料、设置社会游戏等方式，促使普通儿童与特殊儿童之间产生更多有效互动，让他们都能获得成功的集体学习体验。还可以合理建构课程，对每个儿童所获得的进步进行评测，实施针对性的有效教学，为特殊儿童创造一个充满关爱的集体教育环境。

（三）循序渐进地实施阶梯式教育安置

学前融合教育可以更好地克服或减轻残疾所造成的不良后果，使特殊儿童的康复效果更好，能减少特殊教育和教养资金支出，有很高的正面效益。我国应结合实际情况，尽早地对学习能力缺陷，情绪紊乱，智力落后，轻度自闭症，视、听、声觉损害和其他健康损害儿童，发育迟缓的儿童等特殊儿童，进行障碍评估，并向家长、教师提供评估报告，以帮助其选择适宜的教育环境。具体实施时可采用“阶梯式的教育安置”方式，从推行轻度障碍儿童的融合教育开始，逐步过渡到中度及较重度的有能力障碍儿童的融合教育。

第四章　特殊儿童融合教育

第一节　特殊儿童学前融合教育的开展

特殊儿童在日常生活中并不少见，但是对于特殊儿童的认识和了解却不够。特殊儿童因为某些方面与普通儿童存在一定的差异，往往是需要进行普通儿童所不需要的特殊教育的。本节浅谈特殊儿童学前融合教育对于特殊儿童及其家庭的意义，以及目前特殊儿童学前融合教育的状况及不足。

有教育专家认为，任何一个人在一生中都在某一个时期“有特殊教育的需要”。在幼儿园中总是会有这样一群特殊的孩子，他们似乎和其他的孩子不太一样，有的注意力不集中，有的会有攻击性行为，有的很内向，不与其他孩子玩耍，他们更加需要科学的“特殊教育”。

一、特殊儿童的定义

特殊儿童指的是在心理特征、感知能力、神经运动、生理特质、社会情趣和行为、人际沟通等方面偏离常态，以至需要绝大多数同龄人所不需要的特殊教育措施和其他特别服务才能获得发展的 0 ～ 6 岁儿童。特殊儿童在我们的生活中并不少见，他们都存在一定的障碍。

二、特殊儿童教育现状

在美国，有超过四分之一的人口有“特殊教育”的需要。在我国，有近 8% 的儿童有着“特殊教育”的需要。但是“特殊需要儿童的教育”并不被大多数人所熟知、认知，甚至是容易被忽视的。

《儿童权利公约》中提出：“应确保残疾儿童能有效地获得和接受教育、培训、保健服务、康复服务，就业准备和娱乐机会。”2017 年新修订的《残疾人教育条例》第四章“学前教育”第三十一条:“各级人民政府应当积极采取措施，逐步提高……实施学前教育。”《幼儿园教育指导纲要（试行）》中明确指出:“幼儿园的教育是为所有在园幼儿的健康成长服务的，要为每一个儿童，包括有特殊需要的儿童提供积极的支持和帮助。”通过以上的法律条文及相关文件，说明了普通学校（幼儿园）应该接受特殊儿童，并开展相应的特殊融合教育，帮助特殊儿童改善其障碍，融入正常幼儿生活中。

三、开展特殊儿童学前融合教育

学前融合教育是指让有特殊教育需要的学前儿童进入普通幼儿园，与一般儿童共同接受保育和教育的教育形式。特殊儿童是弱势群体，但他们同样享有受教育权，特殊儿童学前融合教育应该得到多方面的支持和帮助。将特殊儿童与普通儿童放在同一环境中，给特殊儿童提供正常化非隔离式的教育环境，让特殊儿童有认同感、归属感和集体感，以此来促进特殊儿童的全面发展。目前，特殊儿童学前融合教育已经成为全国特殊教育发展的主流。

（一）对特殊儿童的意义

幼儿园阶段是幼儿心理发展的重要时期，为了让特殊儿童的身心得到更好地发展，特殊儿童学前融合教育是至关重要的。特殊儿童在个体之间存在较大的差异，存在多种不同种类的特殊儿童，需要有针对性地对特殊儿童实施个别化特殊教育。12 年前，苏州市盲聋学校开始与苏州高等幼儿师范学校附属花朵幼儿园合作进行听障儿童融合教育。12 年过去了，40 多名在花朵幼儿园学习的听障儿童，听力康复率为 100%，所有已毕业的孩子全部顺利进入普通小学。这就说明学前融合教育对于特殊儿童是十分有必要，是可以改变特殊儿童命运及家庭的重要教育事业。

（二）对特殊儿童家庭的意义

家庭是幼儿生活的主要场所，家长是幼儿接触的第一位老师，开展特殊儿童学前融合教育缺少不了家庭的参与。特殊儿童的教育需要通过家庭环境的支持，家长的教育方式、家庭环境氛围都是影响特殊儿童的因素。对于特殊儿童来说，家长对于特殊儿童的认识和了解，是保障特殊儿童得到特殊教育的关键所在，家长正确认识特殊儿童及其教育才能更好地促进特殊儿童的发展。开展特殊教育的过程中，家长需要付出较多的时间、耐心、金钱及精力，虽然看似浪费了很多财力、物力和人力，但从长远来看，对于特殊儿童一生的发展以及特殊儿童家庭来说都是有着极其重要的意义。

四、目前开展特殊儿童学前融合教育的补助

（一）特殊儿童融合教育缺乏社会支持

目前，学前教育不属于义务教育，在学前教育中进行特殊儿童学前融合教育难度更大。美国关于学前融合教育的立法最早源于1965年的《经济机会法》中规定的“开端计划”，旨在为贫困家庭的3-4岁儿童提供免费的学前教育、营养和保健服务。《有能力缺陷的个体教育法案》（IDEA）强调“所有3-21岁的个体，无论缺陷的类型和程度，都有权接受免费的、适当的公立教育”。目前，我国针对特殊儿童教育的相关法律条例和相关文件相对缺乏。

（二）对于特殊儿童的认识与关注不够

特殊儿童的融合教育需要全社会的支持，除了需要普通幼儿园领导、教师接纳特殊儿童、关注特殊儿童，还要提高特殊儿童及普通儿童家长的认识，改变他们的观念，不能因为孩子的一点点的缺陷，而去否认一个孩子对于生活的信心。

对于部分普通儿童家长来说，他们对特殊儿童是戴着有色眼镜看待的。认为特殊儿童会影响自家孩子的发展，这也是目前社会上对于特殊儿童进入班级“随班就读”模式的一种看法。对于特殊儿童的家长来说，没有正确认识到特殊儿童，往往会耽误幼儿的发展及其一生。所以目前家长对特殊儿童的认识亟需改变，这是开展特殊儿童学前融合教育事业中的关键。

（三）普通幼儿园专业师资水平有限

孙玉梅在《幼教工作者对特殊儿童融合教育问题的态度和意见的调查研究》中指出：“对学前阶段特殊教育最需解决的问题，依次为师资问题（64.9%）、设备问题（48.9%）、家长观念（40.8%）、教师观念（37.4%）、经费问题（28.2%）以及专设督导机构问题（27.0%）等。”由此可见，师资问题是目前学前教育阶段实施特殊儿童融合教育中需要解决的最重要的问题。教师的能力、态度、专业性对于特殊儿童学前融合教育的开展都是至关重要的。大多数幼教工作者对特殊教育的专业知识相当匮乏，缺乏对于特殊儿童学前融合教育的认识和了解，在开展特殊儿童学前融合教育上存在一定的困难。同时特殊儿童学前融合教育需要专业特殊教育老师与普教老师相互配合，打破传统的教育队伍概念。而现如今特殊教育专业教师也是相当缺乏的。

教育家赫尔巴特讲过：“孩子需要爱，特别是当他们不值得爱的时候。”这份特殊的关爱是专业，是理解和认同，是平等的对待，是耐心的陪伴。

第二节　听觉障碍儿童学前融合教育支持

学前融合教育主张融合，不要隔离，这种教育认为不论孩子的能力存在怎样的差异，孩子都有权利参加学前教育活动。目前，中国的学前融合教育还在发展中，需要广大教育工作者的积极努力。

学前融合教育在学前教育中处于非常重要的地位，它不是简单的一些特殊儿童来到幼儿园参与学习的过程，学前融合教育主要利用教育实践来体现。研究儿童的发展要重点考虑三个影响儿童的因素，分别是家庭、社区及社会。

学前融合教育目的是推动特殊儿童进行学习的参与程度，而且要把社会归属感开发作为重要的评价标准。国内很多研究人员对听觉障碍儿童的融合情况做出了观察，观察结果表明在融合教育环境下听障儿童暴露了很多问题，如上课的活动参与程度不够，不能和小朋友进行正常交往。因此，要想使听障儿童真正适应学前教育，需要对他们进行科学有效地支持。

一、学前听觉障碍儿童在心理方面的特征

听障儿童最主要的障碍就是在听觉方面出现的障碍，它会严重影响儿童的语言发展。助听器这些设备虽然可以对儿童的听力进行有效补偿，推动听障儿童在语言方面的发展。但是，当前的助听设备还不能完全取代人耳，所以其听觉还有特别多的限制。

（一）听觉的能力

在非常嘈杂的情况下，听障儿童的听力会受到较大影响。依照幼儿学习特征，幼儿园主要是进行各种各样的活动，而且幼儿园一个班的人数一般都较多，存在听觉障碍的儿童参加活动时，由于环境混乱，其听力效果很差，也会严重阻碍听障儿童和其他正常小朋友的互动效果。

（二）对教学环境有严格要求

由于声波碰到墙面会出现反射效果，而且反射过程是多次的。这些反射声波到达人耳后还会出现反射，过一段时间才会慢慢减弱，有余音的感觉，这种现象我们称之为混响。如果上课的教室里混响时间太长，就会让屋子里的声音出现模糊现象，对听觉障碍儿童有很大的干扰，使其对声音的获取变得更加困难。

（三）语言的发展

听觉障碍儿童不管是在语言表达能力还是语言描述方面都和正常儿童存在很大差异。学前教育阶段属于儿童语言发展的重要阶段，正常儿童学习语言的方法是利用日常的语言交往进行的，持续的语言积累慢慢发展为真正的口语能力。听觉障碍儿童因为听力缺失，其在平时的语言学习过程中会更加吃力。另外，一些听障儿童的听力损失特别严重，即使有一些设备帮助，但听力的补偿效果不明显，导致其语言能力很差，阻碍了他们和正常儿童的沟通。

听力的限制会对这些存在听障能力的儿童各方面产生影响，在社会发展及认知能力上都会产生很大阻碍。社会性方面主要指在与其他小朋友进行交往时，语言沟通能力不强，不能很好地参与到活动中，慢慢地会出现很多行为问题。在认知方面会影响这些儿童的抽象与逻辑思维的进步和发展。

二、听障儿童进行学前融合教育支持策略分析

针对听障儿童的心理特征，学前融合教育的支持有两方面：一是要根据听障儿童的不足做好补偿性教育，二是要推动听障儿童适应学前教育。

（一）按听障儿童的发展进行融合的模式

依照儿童的融合程度可以把融合教育分成三类，即:完全融合、部分融合、资源融合。完全融合把听障儿童放在普通班级，和正常儿童共同参加教学活动。部分融合是让听障儿童在一些固定的时间和正常儿童一起活动，但其他时间还是要和特殊儿童在特殊教育班级。资源融合是让听障儿童接受教师的个别指导。应按照听障儿童的实际需要选择适合的融合教育模式。

（二）系统研究支持的策略

很多学者专家的研究都表明在融合教育环境下对听障儿童的关注度还不够，听障儿童和正常儿童进行交往时，缺少主动交往的勇气，时间一长会发展成为听障儿童疏远正常儿童。因此，要提高融合教育的质量，学校应该对听障儿童进行保护和鼓励，帮助其更好地适应环境。

在进行教学的过程中，学校必须注意教室的声学环境，这里主要指混响时间。同时，可以使用 FM 调频系统，利用说话人的麦克风，结合助听设备将语音信号传送到耳朵里，有效减轻噪声及噪音。利用 FM 调频系统能够帮助听障儿童有效地获取信息，提高学习

质量。很多专家学者也探究出一些有用的教学支持策略，如合作教学，是在教学过程中一对一地开展，协助教师可以协助主讲教师上课。准备性教学是在课前帮听障儿童对教学知识做好准备和预习。另外，一些分散的活动也可以推动儿童的发展，如角色游戏及运动活动等，这些游戏都可以很好地推动学生参与到集体活动中来。由于听障儿童在环境相对混乱的情况下听力会更加不足，在一些角色游戏中不容易和其他小朋友进行有效互动，因此老师必须密切注意听障儿童在游戏过程中的表现，提供足够的支持，做好积极的引导，推动儿童参与到游戏活动中来。准备性教学应用在课堂中可以帮助听障儿童充分掌握游戏规则，理解游戏的主题。

（三）建设一个轻松愉快的环境

学前融合教育中，听障儿童有着强烈的归属感，在这种环境中会感到非常舒服。首先，要建设营造这样的环境，老师一定要尊重听障儿童，要相信这些儿童也一样拥有很大的潜能。按照儿童的能力慢慢降低一部分辅助支持，推动其更好地适应普通学前教育的环境。其次，为了促进听障儿童的进步，学校老师可以通过情感渗透，教导普通儿童可以从心理上和行为上真正接受听障儿童，营造一种轻松和谐的氛围。按照学生年龄大小开展一些适合学生进行的活动，可以提高听障儿童参加这些活动的积极性。再次，家长对于孩子的影响很大，甚至可以影响他们一生，听障儿童的家长应积极和学前教育部门做好有效沟通，参与一些干预计划的制定。同时，可以让正常儿童的家长真实地了解这些听觉障碍儿童的发展情况，让家长们可以真正明白融合教育的意义，逐渐接受听觉障碍儿童和他们的家长。普通儿童的家长在心理和行为上接受听觉障碍儿童可以直接影响普通儿童对听障儿童的认知和态度。因此，我们可以从学校老师、听障儿童的朋友、听障儿童的家长三个方面，创造一个平等的环境，促进听觉障碍儿童在学前融合教育中的发展。

当前，学前融合教育已经成为听觉障碍儿童适应学前教育的主要形式。但是我们也应该看到，学前融合教育并非机械地把听障儿童安排在普通幼儿园开展学前教育，它最重要的目的是利用融合教育的环境，让听障儿童可以更好地融入与适应这样的环境氛围，尽可能地开发听障儿童潜能。因此，要正确理解学前融合教育的内涵，一切以儿童实际的需要作为出发依据，持续完善服务策略，建设好听障儿童学前融合教育体系。

第三节　轻中度自闭症儿童学前融合教育

自闭症谱系障碍（Autistic Spectrum Disorder，ASD），指在社会交往与人际交流方面有明显缺陷，并在行为与兴趣上有着局限性、固着性与反复性的症候群。它是以类似以严重孤独，缺乏情感反应，语言发育障碍，刻板重复动作和对环境奇特的反应为特征的精神疾病。20 世纪 90 年代以来，自闭症的患病率逐年增高，且呈现继续升高趋势。据美国疾病预防与控制中心 2014 年公布的最新数据，每 68 名儿童中有 1 名自闭症谱系障碍患者。

1994 年，联合国教科文组织在西班牙萨拉曼卡召开《世界特殊需要教育》大会，并通过了《萨拉曼卡宣言》，首次正式提出了全纳教育，并号召世界各国广泛开展全纳教育。这次大会再次强调每个人都有受教育的基本权利，提出每个人都有其独特的个性、兴趣、能力和学习需要，学校要接纳全体儿童，并满足他们的特殊教育需要。自闭症儿童的特点决定了其无法独立地正常生活。如果不对这些儿童进行及早有效的教育干预，不仅贻误这些儿童的心理发展，对家庭造成沉重的心理和经济负担，对社会发展也会带来很大的负面影响。早期干预对于自闭症儿童、家庭及社会具有重大意义。

因此，在学前教育机构中，有必要对轻中度自闭症儿童开展融合教育，实施早期干预。教师通过评估，依据自闭症儿童发展水平以及发展潜能，遵循一定的教学原则，根据个别化教育的目标开展康复训练。与普通班级幼儿部分时空上分离后，接受特教教师个别化辅导或小组辅导；融入普通班级中，借助一定的条件，参与普通班课程，提升集体活动能力。实施融合教育过程中，分离和融入的比例会依据幼儿的情况和能力进行调整。融合教育的最终目的是让自闭症儿童适应社会的能力以及普通儿童的亲社会行为得到最大限度地发展，取得融合最大效益。

当下，自闭症儿童由于身心障碍的影响无法像普通的学龄前幼儿一样进入普通幼儿园。如何使自闭症儿童比较顺利地与普通儿童一起接受融合教育，是近几年颇受关注的话题。对自闭症儿童学前融合教育的现状进行调查、归纳与总结，我们尝试以下操作策略。

一、学前非标准化评估的开展

对自闭症儿童评估一般分为标准化和非标准化。专业医疗机构对儿童进行标准化评估是确定其障碍类型及程度。学校对儿童开展的评估属于非标准化评估，贯穿于自闭症儿童教育的整个过程，目的是为各阶段干预提供支持。

（1）基于家长参与的信息收集。评估是为了收集相关信息。①儿童基本资料。儿童的生育发展史、目前能力状况等。②家庭信息。父母工作、教育状况、经济能力、家居环境等，还包括家庭需求，一段时间融合教育后家长对孩子的期望等相关内容。家长的参与，可以增进家长对儿童特殊需要的理解，获得家长的配合与支持。

（2）通过观察获取的能力信息。通过创设一定的活动、游戏、情境，观察儿童在此过程中的实际表现，检核其能力的实际水平。①认知功能。含认知发展、认知形态、适应行为等。②语言能力。含语言理解、表达模式、语言障碍情形、发音器官结构与功能等。③动作能力。含大小肌肉动作、肌力、关节能力等。④社会情绪。含适应行为、学习态度、异常行为、各环境中之行为等。

评估的目的在于充分了解每个儿童的实际情况及能力水平，从而为其选择适切的安置方式进行最佳的融合教育，并制定合理的个别化教育计划。

二、融合伙伴关系的建立

要改善、提升自闭症儿童社会交往能力，应该从其相对熟悉的伙伴交往开始，给他们找到合适的融合伙伴是开展学前融合教育的前提。

（1）基于缘分的融合伙关系伴组建。幼儿园日常生活、活动中，总有部分普通儿童比较热情、活泼，能够主动对自闭症儿童发起活动、游戏，邀请他们参与。另外，自闭症儿童对他们发起的游戏、活动往往不抗拒、有回应，并有参与的意向。在这种默契缘分的基础上，教师可以有意识地让他们组建起融合伙伴关系。融合伙伴关系的建立，有助于普通儿童责任心的培养，更有利于自闭症儿童与人交往能力的发展。

（2）融合家庭的组建。当融合伙伴在园里的生活、游戏、活动等方面有了比较好的基础后，教师就可以在普通儿童中选择家长素质相对比较高、有爱心、愿意为这些特殊儿童作奉献的家庭，与自闭症儿童组建起融合家庭。

普通儿童融入自闭症儿童家庭中。自闭症儿童更喜欢在固有的环境中开展活动。他在自己的家庭、房间的环境中容易与伙伴开展活动。前期可以请普通儿童到自闭症儿童家庭中开展游戏、玩耍等活动交往。

自闭症儿童进入普通儿童家庭。如果能力允许，可以尝试让自闭症儿童在家长的陪护下，参与普通儿童家庭的活动。在家长的陪护下，和熟悉的融合伙伴相处，所处的陌生环境不会对自闭症儿童产生太多的刺激。这样的变化，有助于自闭症儿童在陌生的环境中开展活动，学会慢慢适应新环境，提升交往能力。

共同参与社会活动。当自闭症儿童愿意在融合伙伴家庭的陌生环境中开始与人活动、游戏时，可以将融合活动由家庭延伸向社会。在双方家长的陪护下，融合伙伴开始在社会环境中共同活动，共同提升社会适应能力。

三、支持性课程的设置

课程与教学是教育的基本构成和核心构成。我国的自闭症儿童学前融合教育目前还停留在强调共同接受教育，对环境的改变、儿童本身兴趣需要的满足还不够重视，没有专门的融合教育课程。他们在能力表现上的差异非常大，在融合环境下开展早期干预，就需要对每个儿童开展一对一的个别化教育。当下，为照顾、满足自闭症儿童的个别需求而进行的早期干预及缺陷补偿课程鲜见，即使可以移植借鉴，也无法完全满足不同的自闭症儿童。因此，支持性课程的设置显得尤为重要。我们理解的课程不仅仅是静态的书面文件（教学计划、教材、教学指南等），更是教师与学生在教育情境中不断生成的活生生的经验。

（1）融合教育下的课程支持。针对自闭症儿童的特殊需求，教师应尽量在课堂中照顾到自闭症儿童的个别差异，在学习内容、学习环境、教学资源等方面进行适切地照顾与支持，让自闭症儿童能够在班集体中留得住，坐得下。

配备一定的教学辅具。自闭症儿童的典型特征表现在重复身体运动或物体运动。为他们提供专用的斜面椅子，阻止他身体的摇摆；提供特殊课桌，阻止他不停拍打抽屉等。提供辅具，可以有效减少或者阻止自闭症儿童重复、机械行为。

提供满足其特殊需求的支持性环境。自闭症儿童对环境的要求十分苛刻，对日常生活方式以及内容有强烈的维持原样的意愿，即使对于微小的变动，自闭症儿童也会发脾气、哭闹。在自闭症儿童座位的安排，活动用具的摆放等方面要尽可能照顾到他们的特殊需求。

寻求学习伙伴的支持。自闭症儿童大多数存在多种感知觉异常，对触碰会产生异常反应。他们很不喜欢别人的触摸，甚至当别人触碰的时候会有过激的行为表现。让融合教育中的儿童了解自闭症儿童的特征，不要轻易触碰自闭症儿童的身体，让他们感受到安全与舒适。

创设能参与的学习情境。学习的过程是教师与学生在教育情境中不断生成的活生生经验。努力创设自闭症儿童愿意参与的活动情境、游戏情境等，让他们能够在活动、游戏中与普通儿童产生交往与交流。只有每个学习活动中学习者充分参与，才能取得与其能力相匹配的进步。

（2）创编一对一的功能补偿性课程。根据每位自闭症儿童的具体情况，开展一对一的补偿与康复训练，通过感觉统合、听觉统合的训练，音乐、游戏治疗，自主交往训练等方式，有助于提高儿童在某一方面功能的康复水平，在原有基础上得到提升，逐步减少自闭症幼儿的社会行为差异，尤其是改善他们在融合环境中可能产生的行为和情绪问题。

四、多途径的融合方式

在我国，融合教育的实施，通常是在半融合环境中单纯注重缺陷补偿，进行隔离式的早期干预；或将特殊儿童放任于普通课堂之中，在全融合环境中进行过度的普通教育。从目前来看，融合教育还没有具体、多样化的融合方式能满足自闭症儿童的个别差异。另外，幼儿园中大部分都是由非特教专业的教师从事教育教学工作。自闭症儿童进入普通幼儿园以后，其教育完全由幼儿园普通教师负责，缺乏专业的支持与协同。如何照顾好自闭症儿童的个体差异，满足不同孩子的实际需求？多途径的融合方式是最佳的。

（1）日常生活的融合。自闭症儿童活在自己的精神世界里，不愿意与人交往、沟通。我们首先可以从基础日常生活进行融合，和普通儿童一起进餐、午休，由此慢慢过渡到其他方面的融合。

（2）集体户外自主活动的融合。每天进行的 1 小时集体户外自主活动中，尊重自闭症儿童兴趣的同时，让自闭症儿童在自然的大环境中进行单独游戏，模仿融合小伙伴进行平行游戏，或者由融合小伙伴带领着一起游戏、玩耍。

（3）有针对性补偿的半融合。根据学生的实际情况，进入班级和普通学生一起画画、做手工、运动、唱歌等。在部分无法共同参与的集体学习时间，例如语言活动课时间，就由专业教师带领在专用教室开展有针对性地补偿训练。

（4）最小支持下的全融合。自闭症儿童全天候参与集体的学习、活动、游戏等。教师尽可能给予最小的支持。让融合伙伴发挥小老师的榜样作用，带着自闭症儿童顺利完成。

通过融合教育，可以促进自闭症儿童适应社会能力的发展。早期融合教育能够使特殊儿童在平等的教育环境体验到人格上的尊严；在与普通儿童的交往中获得与人的相处和互动等各种交往技能；能进行模仿学习，进行语言的交流，接受更多正常环境的刺激与教育，为适应学校生活、适应社会打下良好基础。另外，融合的过程也可促进普通儿童亲社会行为的发展。在学前融合教育中，普通儿童会容忍和帮助自闭症同伴，在这过程中更好地唤起他们的同情心，更多地接受移情能力的培养。大多数自闭症儿童心理年龄偏低，常出现一些困难，因此普通儿童有了更多帮助他人的机会，从而能激发他们助人、谦让、分享、合作等亲社会行为的发生与发展，双方在生活、学习等各方面能力共同提高，彼此受益。

第四节　学前特殊需要儿童融合教育家庭支持

现阶段我国各阶段融合教育发展过程都面临着各种挑战，其中幼儿园阶段融合教育中家庭无法发挥效用，家长们迫切需要政策法规、专业技术以及沟通平台支持。本节通过分析讨论现有融合幼儿园家庭支持面临的主要问题，以期为我国幼儿园阶段特殊需要儿童融合教育的家庭支持提供参考。

《第二期特殊教育提升计划》提出“全面推进全纳教育，使每一个残疾孩子都能接受合适的教育”。此外第二期提升计划鼓励提供多方面教育、康复服务，支持普通幼儿园和特殊教育机构增设幼儿园接收特殊需要幼儿，而特殊需要儿童接受平等适合的教育是每位特殊需要儿童家长的普遍心声。根据 2017 年颁布的《残疾人教育条例》，要求卫生保健机构、残疾儿童的学前教育机构、儿童福利机构和家庭都参与到特殊需要儿童早期发现、早期康复和早期教育，机构为家庭提供咨询、指导，充分发展特殊需要儿童的潜力。《残疾人教育条例》还提出“积极推进融合教育，根据残疾人的残疾类别和接受能力，采取普通教育方式或者特殊教育方式，优先采取普通教育方式”。在融合教育环境中，家庭教育和学校教育形成一股合力，可以减轻或者避免残疾儿童因远离家庭造成的心理和生理负担。对此，学前融合教育不仅可以满足特殊需要儿童融入普通教育的教育环境的基本需求，还能够最大限度促进学前特殊需要儿童的身心发展，提供相应服务支持，其效果也直接关系后续义务教育阶段特殊需要学生的受教育情况。现行特殊教育学前融合教育按照主动发起方，可分为正向融合、反向融合和交互融合。正向融合即普通幼儿园接受特殊需要儿童；反向融合由特殊教育机构吸收普通儿童入学；交互融合则通过双方建立的交流平台实现融合。在社会需求和政策驱动下，越来越多研究者关注学前特殊需要儿童教育。但目前，关于特殊儿童学前融合研究缺乏实证支持。

一、家庭支持的迫切需求

特殊需要儿童的融合教育是普通教育与特殊教育有机结合的教育，家庭是连接这两种教育，推动融合的重要力量。幼儿园（学校）教育之前是家庭教育和社会教育，三种教育共同作用影响儿童的成长。

但从现实情况和理论研究来看，地方政策的缺失、幼儿园学位紧缺、家长轻视自身专业性，主客观因素共同导致了让本就不包含在义务教育范畴内的学前融合教育举步维艰，而未接受学前教育的特殊儿童直接进入普通教育环境更是困难重重。

（一）相关政策缺失

政策是学前融合教育顺利开展的重要保障，国家正不断完善对特殊需要群体教育的保障政策，但由于各地情况不一，导致不同地区学前特殊教育的发展存在较大差异，特殊需要儿童家庭得到的支持不同。就入学条件：2015 年上海市年要求特教幼儿园、特教学校学前班，以及普教特教班对各类特殊需要幼儿进行免费教育。河南省要求 2018 年底特殊需要幼儿学前一年毛入学率在 60% 以上，保障了基本入学数量。北京到 2020 年要求每位特殊需要幼儿接受 1—3 年免费教育。很多省市都根据自身条件积极推动特殊需要儿童融合教育的第一步——入学，也为家庭提供基本财政支持帮助幼儿“有学上”。但“上得好”，即特殊儿童是否能够在普通教室里接受适当的教育长期以来受到了忽略。特殊需要儿童教育问题，家庭面临的最主要压力源是经济，与经济问题同样重要的家庭情感压力可能会导致家庭不稳定，却是常被人忽视的。各地政府不仅要“鼓励”提供各种资源，还要政策开路监管落实评价效果。

（二）学位紧缺

幼儿园是小学的过渡期，是义务教育的前一个阶段，也是融合教育的开端。相比普通儿童家长面临选哪个更好的幼儿园，甚至排队等学位，特殊需要幼儿家长即使等到了学位，面对的也可能是拒收、退收。目前接纳特殊需要幼儿的普通幼儿园会对特殊需要儿童进行挑选，这样势必导致了一些中重度残障儿童没法入园。从普通教育教师角度，正向融合幼儿园中缺乏相应资源、设施设备，教师对特殊需要儿童的消极态度源于他们较低的自我效能感和专业技能储备不足。另一方面，即使特殊需要儿童留在了普通幼儿园，“漠视”“边缘化”，甚至“欺凌”仍是家长不得不考虑的问题。正向融合既受社会舆论的制约又需要各种资源的支持，我国学前融合教育推动者开始尝试在学前特殊教育机构吸引普通儿童免费入园接受特殊教育中“个性化”教育——反融合。学前特殊需要儿童家长急切盼望孩子能与普通儿童一起接受教育，但实际情境中由于保守观念的制约，正向融合的反对者维护不平等和隔离教育。此外正是由于反向融合立足特殊教育，特殊需要幼儿家庭的经济因素是特殊学校招生困难的重要因素，如此便制约了反融合的普及。

（三）家长轻视自身专业性

融合教育的参与者中的核心主要是特殊需要儿童的家长，其中主要照顾者对儿童的期待是融合教育产生的重要动力。家长对特殊需要儿童期待常偏离实际，如此他们便对儿童失望。家庭成员对融合教育的认识和技能学习掌握是保障融合教育顺利进行的有力基础，但家长很少愿意在课外时间，在家庭对孩子进行相关训练。目前家长们主要把学前融合教育开展寄期望于普通教育教师或者特教教师，自身未做好二者之间的协调沟通。其次，自身未积累幼儿家校沟通、友谊构建、课间活动等方面的基础技能。另外家庭中家长融合教育观念不一，前瞻性不够也是家长提升自身专业知识和技能的阻碍。特殊需要儿童的家长对孩子的逃避式推责更是所有幼儿园教师经常面对的突出问题。

二、思考与建议

特殊需要儿童的幸福成长需要家庭支持，融合教育中家长不是旁观者，而是重要的参与者、贡献者，家庭在融合教育中尤为重要，其对学前儿童家庭的支持无疑是为义务教育阶段融合提供有力保障。

家庭在融合教育的参与度越高，越有利于其对融合教育做出客观、公正的评价，从而推动融合教育在学前以及其他阶段的发展。“家庭出席”融合教育是推动政策保障幼儿入学，提升教育质量的前提；“参与”要求家长自身有专业积累，对发现、干预、教育基本知识与技能有一定了解；为融合教育做“贡献”，每个特殊儿童家庭要与幼儿园教师、普通儿童家长与特殊儿童家长、特殊需要儿童家长间要进行沟通相互支持，共同推进融合教育的发展。

针对上述学前特殊需要儿童融合教育中家庭面临各种问题相互影响、相互牵制，动态影响特殊需要幼儿融合教育效果，下面探讨如何构建适应我国学前融合教育发展的家庭支持体系。

（一）政策指向结构

地方政府特别是地方教育行政部门不仅高度重视学前融合教育中对家庭的支持，将其视为融合教育发展的必备条件，还要把颁布政策的重点放在结果考评上。教育行政部门对当地高校培养培训普通教育和特殊教育师资进行系统培训，从而为二级家长培训提供资源。通过财政支持家庭、幼儿园开展融合教育，提供优良师资保证教学质量，为融合教育师资解决编制、薪酬问题，为参与融合教育幼师提供补助和奖励。解决家庭中儿幼儿上学难的问题，提供专项资金支持学前特殊儿童教育，为家庭减压。地方政府切合当地文化通过对特殊教育的科普宣传，营造推进融合教育的良好环境。建立地方学前融合教育质量检测网络，由国家提供标准和指导，当地负责本地区建设、管理，并组织第三方从政策落实的开始以及各阶段进行评估。

（二）家长自身专业建设

对处于早期发育关键期的特殊需要幼儿而言，家庭是其成长过程中最重要的影响因素，家长自身专业性更是影响教育整体质量的核心因素。融合教育参与者的角色中，除了管理者，就是家长，第三名才是训练师。首先，自身专业建设始于家庭对特殊需要儿童客观看待，既能看到现在儿童存在障碍及优势，也能看到未来儿童发展潜能，这些都直指阶段性和过程性融合教育效果的评估，缺失了家长参与的教育评估不完整。对特殊需要儿童进行与普通儿童一样的教育不仅是资源浪费更是误解了融合教育，挫败了儿童学习积极性，家庭成员对特殊需要儿童积极的态度和推进家庭支持的行动。政策支持下，家长通过培训和辅导，提升自身专业性。其次，家庭成员要在融合教育方面达成共识，整合家庭资源，合理分工，系统连贯地帮助幼儿在课堂学习、校园生活、课间社交等方面更好地融入班级里。最后，家庭支持的参与者不仅局限于家庭成员，家庭成员自身的社会网络也可以用于支持特殊需要幼儿的发展；家庭成员发挥效用的地点也不限于家庭里，学校、社区、所有孩子可能会去的地方都可以有特殊需要儿童家长的声音发表。

（三）搭建家长沟通平台

首先，家长是融合教育中与儿童最紧密的连接者，更是不可忽视的教育资源，家长在融合中发挥的作用直接决定了儿童学前融合顺利进行与否。学前融合教育首先要建立以家长—教师沟通为中心的沟通平台。对学前教育普通教师调查发现，学前教育最能接受的是某方面学习障碍和言语语言障碍，最不能接受的是行为问题，这与小学和中学教师观点类似。相比普通儿童家长，特殊需要儿童家长更关注孩子的行为。教师和家长对特殊需要儿童能在问题行为方面达成共识，但若没有良好的沟通平台，政策保障和专业支撑分别独立，家长便无法通过教师间接及时地帮助幼儿，教师也无法实现与家长信息互动交流。

其次，融合幼儿园中要兼顾其他幼儿及其家长的沟通。融合教育对普通儿童的良好道德修养和个性品格的形成也有益处，而对融合教育的偏见和误解造成其他小朋友的抵触和忽视都可能导致特殊需要儿童“退学”。特殊需要幼儿家长的每次出现都能达到令周边同学、家长“喜悦与期待”的效果，大家对儿童的接纳、包容、理解必将显著提升。现实中正是家长重视自身在融合教育中应有沟通作用，才让幼儿园期间成功融合成为日后义务教育阶段甚至高等教育阶段的融合的重要基石。

最后，特殊需要幼儿家长之间的经验交流。通过安全、开放、高效的交流平台，让有相似经历的家长之间得到情感的支持，也受到案例的启发与激励。家长沟通形式可以是线上线下，线上及时交流、线下定期沟通，及时有效沟通是解决融合教育问题的关键。

第五节　学前融合教育下的特殊儿童语言干预

特殊儿童的语言障碍是阻碍其发展的重要因素。其实，不仅仅是特殊儿童，大部分的普通儿童也存在语言障碍。有数据统计过，在儿童群体中语言障碍的发生概率是4.02%，由此可以看出，掌握儿童最佳的语言干预阶段是尤为重要的，但是我国对此方面的研究却少之又少，这对我国儿童的健康发展是一个非常不好的地方。

融合教育是继“回归主流”教育理念之后提出的全新的特殊教育理论。学前融合教育就是将特殊儿童和普通儿童放在同样的教育环境中，并针对特殊儿童的特殊性提供特殊的服务和教育，使得特殊教育和普通教育融为一体的教育模式。随着我国对教育理念的全面贯彻，相关人员对于我国的学前融合教育模式和开展情况都进行了深入地研究，通过种种的问题能够看出我国的学前融合教育并没有系统性的理论知识和规范的教育模式，甚至对此方面的研究也非常少。

儿童语言发展的最好时期就是学龄前，如果在学龄前就对特殊儿童进行比较好的语言干预措施，那么会极大地改善特殊儿童的语言障碍，提高特殊儿童的社会适应力和交流能力，并能够为特殊儿童以后的阅读能力和学习能力打下夯实的基础。学前融合教育对特殊儿童的发展具有很好的促进意义，但是学前融合教育并没有系统性的知识理论和规范的教育模式，使得我国的学前融合教育对特殊儿童的语言干预不能很好地进行，根本不能满足教育发展现状。

美国成立的幼儿教育研究机构率先在融合教育中执行建构模式，然后被全国各个地方的教育机构广泛应用。构建模式的重点是帮助教师能够在融合教育中有效开展课程和教育，通过不同的方法和措施兼顾普通儿童和特殊儿童的学习需求。在学前教育模式中，建构模式对特殊儿童的语言干预有非常好的影响，通过建构模式的四个方面对特殊儿童进行语言干预，有利于开发特殊儿童的语言能力，使得特殊儿童能够更加适应社会环境。

一、高素质的语言教育

高质的语言教学是学前融合教育开展的前提。为特殊儿童提供一个自然的语言学习环境，让特殊儿童和普通儿童能够进行更多的交流，让特殊儿童的学习空间不再是特殊的隔离性空间，让特殊儿童融入正常的教育环境之中，使得特殊儿童在摆脱孤僻的同时，增强特殊儿童的社会适应力。同时，还要取得政府的支持，目前我国对于学前融合的投入力度太小，没有相应的法律法规，还不给予大量的经费，使得学前融合教育的发展受到了很大的阻碍。幼儿园也要树立正确的办学理念，已经开展学前融合教育的幼儿园根据自身的实际情况制定规范的规章制度，用制度约束教学质量。在课程设置上，学前融合教育中最重要的构成部分就是语言教育，特殊儿童的语言教育没有专业理论知识的指导和相关经验的积累，因此，幼儿园在设课上应该充分考虑特殊儿童的学习需求，在不断地实践过程中改进教学体系。幼儿园在教学方法、授课教材的选择上都要进行深入的考虑。

二、调整相关课程

教师针对特殊儿童的特殊性对课程的相关因素进行调整，例如课堂活动、课程目标等等，为满足特殊儿童的学习需求进行授课。课程调整不应该只局限于语言课程中，在数学、艺术等各个学科，只要特殊儿童表现出了想要学习的兴趣，就要进行相应的课程调整。首先，要调整特殊儿童的活动环境，例如教室的布置或者座椅的摆放，在教室中可以放一些特殊儿童喜欢的小物品，调动特殊儿童的学习积极性，将座椅尽量放在一起，让特殊儿童也有机会参与到课堂活动之中。其次是教学的内容要符合特殊儿童的学习发展情况，在了解特殊儿童语言现状的基础之上，调整教学的内容，使得特殊儿童的语言能够更好地发展。特殊儿童的语言很有可能只在单词句的程度，因此教师在教学过程中要降低对特殊儿童的标准，就不会出现揠苗助长的不良现象。一般的幼儿园，教学模式就是做游戏、讲故事等等，但是对于特殊儿童，这样的教学方式就要做相应的调整。对于语言障碍的特殊儿童，通过图片或者辅助器具来进行语言的开发和授课，也借助这些工具可以使得存在交流障碍问题的特殊儿童表达出自己的意愿和想法，更好地促进特殊儿童融入学前融合教育中去。

三、嵌入式语言干预

调整课程的目的是开发特殊儿童想要融入学习环境中的兴趣，而嵌入式语言干预是直接对特殊儿童自身存在的语言问题进行干预。嵌入式语言干预就是教师在常规的教学活动的间隙，通过适当的机会对特殊儿童发出语言命令，并进行辅助指导。例如说在睡午觉的时候，特殊儿童想要小熊玩偶，必须对老师说“我想要小熊玩偶”时，老师才给予小熊玩偶。如果特殊儿童无法完整地说出，老师就要主动地进行指导，帮助特殊儿童说出完整的句子。嵌入式语言干预在任何时候都可以运用，可以说是在一点一滴的对特殊儿童进行教学。

在教学过程中，虽然有部分参与原则的限制，但是老师也要尽可能地争取无论是普通儿童还是特殊儿童都可以参与其中，只不过在完成要求上对特殊儿童的要求相对降低。当特殊儿童想做一件事情的时候，刚开始教师可以给予相应的指导或者示范来帮助特殊儿童完成，但是后期，面对同一件事情时，教师要推迟给予提示或示范的时间，或者完全取消提示，让特殊儿童能够在这个过程中学会完全独立地表达或者完成这件事。这种嵌入式干预方法可以促进特殊儿童掌握基本的生活技能。

四、针对具体语言问题的干预

特殊儿童的语言障碍一般表现在多个方面，某一种问题会影响到其他方面的正常表现。这就意味着在学校或班级大环境中某些特殊儿童的语言障碍难以得到真正改善，必须加以个别化的直接干预。针对性地进行语言干预，干预效果相较于一般教学环境中的干预存在绝对性的优势。其中，可以通过专业的言语治疗师来帮助进行针对性地干预，言语治疗师要对特殊儿童的语言问题进行具体分析，然后制定相应的干预方案，再与教师共同实行干预方案，纠正教师在教学过程中不正确的地方。通过协作来纠正特殊儿童的发音，使得特殊儿童的词汇量逐渐增多，并对特殊儿童的对话训练进行相应的指导，都是对特殊儿童语言开发的一种方式，有利于锻炼特殊儿童的语言能力。

近年来我国的学前融合教育已经逐渐发展起来，但是还有提升的空间，在落实学前融合教育课程建构模式下对特殊儿童的语言干预措施中，不仅仅需要学校和老师单一的努力，还需要政府、医疗、家长等各个方面共同努力，以促进特殊儿童的语言能力更好地发展。

第五章　学前融合教育的实践应用研究

第一节　“VR+学前教育”融合创新的应用

随着信息技术的迅猛发展，现代教育技术对推动信息化教学改革发挥了重要作用。《国家中长期科学和技术发展规划纲要》将VR技术列入信息领域优先支持的三大前沿技术之一，为“VR+产业”融合创新发展模式的产生提供了契机。传统行业将发生颠覆性的变革，这也为“VR+教育”的发展提供了无限可能。随着VR价值在教育领域的不断发掘，VR与教育的融合和创新必将对推动教育教学改革和行业发展，对改善教学环境、丰富教学资源、提高教育技术水平具有重要作用。

一、VR技术与学前教育融合发展现状

虚拟现实（Virtual Reality，简称VR）是集网络技术、计算机技术、传感技术、仿真技术、立体显示技术和人机交互技术等多种技术发展起来的综合性技术，可以真实模拟用户的感官体验并实现人机无障碍实时交互，让人仿佛“身临其境”。《中国儿童发展纲要》中明确指出：“要加快发展3—6岁儿童学前教育，优化教育资源，拓展数字化学习的空间，全面推进教育现代化和信息化。”因此，“VR+学前教育”成为信息化教学改革发展的必然要求。但是，学前教育具有较强的综合性和实践性，目前与VR技术的联合开发还处在初级的水平。“VR+产业”融合创新模式的提出必将为“VR+学前教育”的深度融合与开发创造出更大的发展空间。

笔者通过前期研究发现，将VR技术运用于学前教育，可以充分满足学前儿童的成长需求。VR技术的沉浸性（Immersion）可以吸引幼儿长时间的关注，充分启发孩子主动地发现、探索和解决问题；构想性（Imagination）可以打破时空的限制将抽象教学内容情景化展示，实现“做中学、玩中学”的主动知识构建，促进儿童个性化发展；交互性（Interaction）可以在最大限度保证幼儿安全的基础上，通过灵活多样的互动游戏情

景化教学使幼儿获取直接经验，促使感性认识到理性经验的迁移，实现知行合一的社会性发展。

二、“VR+ 学前教育”的融合创新应用

（一）学前教育教学领域应用场景创新

从《幼儿园教育指导纲要》的内容以及学前教育行业中各大早教培训运营机构的课程开发体系来看，学前教育教学主要涉及健康、语言、社会、科学、艺术五个领域。VR 技术可以打破传统的教师室内授课的种种局限，在逼真的场景中进行真实教学和体验，并将这种体验带入更多的协作与社交中，从而让学前教育课堂变得更有价值，最终促进幼儿全面可持续发展。

1. 虚拟课堂

学前儿童的认知行为具有形象化、符号化的特征，亲身经历和感受远比空洞抽象的说教更具说服力。VR 技术可以将课堂教学情景化、可视化，生动逼真的学习环境既增加学习内容的形象性和趣味性，又激发了儿童认知的主动性与发散性思维发展。如在科学领域中，可以打破时间与空间的限制让儿童畅游太空、深海与史前时代；在艺术领域中，可以实现低成本的博物馆、艺术馆和音乐厅的高雅熏陶；在语言领域中，设置生动有趣的游戏过关场景，通过清晰理解和清楚表述完成通关，锻炼幼儿的语言表达能力。总之，VR 技术可以最大限度实现课堂场景的自由切换。

2. 虚拟实验室

创新的科学头脑要从娃娃抓起，传统实验室由于受到场地、设备、成本和安全性等因素的限制，低龄儿童教育通常很少涉及高成本高风险实验操作类教学体验。利用 VR 可以打破时空限制建立各种虚拟实验室。例如在健康领域教学中，通过观察微观世界中的细菌与病毒让孩子们对“卫生”这种抽象概念有了更加直观的认识；在科学领域教学中，通过观察云、雨、雾、雷的形成实现地理常识的科普，通过种植幼苗实验了解植物生长的自然规律，通过模拟小苏打和醋产生的化学和物理反应真实感受气压变化导致的火山爆发小实验。孩子们可以低成本、零风险地反复尝试，不断探索科学的奥秘，达到提升儿童动眼、动脑、动手能力的目的。

3. 虚拟实训基地

主动交互和被动灌输有本质的区别，幼儿以形象思维认知为主，抽象描述场景教学很难有效做到学以致用。又因我国学前教育坚持“保教结合”的原则，既要教育幼儿基

本的生活常识与生活技能，还要创设愉悦健康的环境来培养和激发幼儿良好的感情，促进幼儿身心和谐发展。因此，如何构建一个真实但又能充分保证幼儿身心安全的环境来锻炼其生活能力和自我保护能力成为学前教育的基本目标。VR 技术建立的虚拟实训基地可以同时解决上述安全性和有效性这两个问题。比如在社会领域教学中，将儿童置身于仿真的生活场景中，通过设置情景任务或者解决困难的训练，培养幼儿的社会规则意识与交往协作能力；在健康领域中，在虚拟游泳池进行体能和游泳技能的实训，幼儿可以反复练习直到熟练掌握，锻炼幼儿身体素质的同时减少溺水事件；在健康安全领域中，通过虚拟校园中无法呈现的高风险社会生活场景，如火灾、地震等，进行现场躲避或逃生等自救训练，低成本模拟实训幼儿自我保护意识与逃生技能。

（二）“VR+ 学前教育”教学案例设计

VR 技术可以自由构建教学场景，实现学前教育教育性、游戏性和挑战性的有机融合。下面将以学前教育主题教学中的“交通工具”为例进行 VR+ 学前教育的教学实施设计，梳理出将 VR 场景应用到《幼儿园教育指导纲要》中学前 5 大教学领域的实现模式。

首先，在教学设计方面，依据学前五大教学领域，制定出“交通工具”主题教育在每个领域中需要达成甚至可以拓展实现的教学目标，并提出所需场景需求和技术支撑。可设计：在健康教育领域中，通过虚拟实训在虚拟公交车中进行真实乘车演练，基本目标是促使幼儿养成良好的乘车卫生习惯并提高幼儿的外出自理防护能力；通过虚拟实验室的尾气实验真实感受大气污染的严重性，从而实现提倡环保绿色出行的拓展目标。在社会教育领域中，虚拟实训可以在虚拟马路上反复训练幼儿过马路或乘车，从而使其掌握基本的交通安全法规；虚拟教室可以模拟公安局和医院的保安和急救场景，拓展幼儿处理交通事故时的社会生存急救常识。在科学教育领域中，虚拟实验室可以科普汽车动力机械原理，通过将抽象的齿轮结构等原始动力原理进行可视化立体呈现，幼儿得以实现自由拼插搭建，拓展其动脑动手和创新探究能力。在艺术领域中，虚拟教室可以跨时空构建出不同时期、不同地域的动态立体交通工具，幼儿通过临场参与感真实领略其风格特点的同时还能自由创作、表演和娱乐，感受各种艺术文化的熏陶。在语言领域中，虚拟教室可以通过将思维导图立体化以实现自由拖拽组词造句等虚拟闯关游戏场景来训练幼儿“交通工具”主题的演讲能力，通过虚拟实训拓展幼儿急救报警时的沟通与表达能力。

其次，在平台数据处理方面，将以上“交通工具”主题教学所需基础虚拟数据进行采集输入，结合专业的虚拟技术对其进行数据处理，通过虚拟空间可视化实现教学体验的沉浸性，通过虚拟数据网络化构建实现教学场景的构想性，通过虚拟空间交互操作实现教学体验的交互性。数据处理后可以通过专业的虚拟传感设备呈现出“交通工具”教学所需的虚拟教室、虚拟实训室和虚拟实验室等多种教学场景，用来辅助达成以上五大教学领域中的基本教学目标和拓展目标。

三、“VR+ 学前教育”融合发展过程中存在的问题及对策

（一）存在的问题

VR 技术能给教育教学带来诸多便利，为学前教育带来颠覆性影响和创新性应用，但 VR 与学前教育融合发展的时间还较短，实践中暴露出很多的问题。

1. 技术方面

技术问题是 VR 教育能否实行和推广的重要限制条件，但目前市场上的 VR 技术设备良莠不齐，出现了明显的两极分化，低端设备体验感较差，高性能终端硬件虽能够打破时空限制实现资源共享，但价格又偏高，普通学前教育机构受限于预算和经费无力以负担；产品标准不一，导致资源平台软硬件通用性和易用性较差，且低龄幼儿的生理发育不完全等特点对体感设备又提出了更高的要求，目前尚没有开发出成熟的幼儿专用设备。这些都直接导致优质信息化教育资源难以实现普惠价值，不利于推进学前教育均衡发展。

2. 资源方面

教育重视内容与质量，学前教育更要重在新颖，所以内容及后续更新是根本。虚拟现实技术行业进入门槛较高，内容平台开发多为专业技术人员，而非教育一线的工作者。内容制作周期较长可能引发与教学现状相脱节的现象，教师也难以根据幼儿个性化需求实时更新教学资源，这两点直接导致内容制作与教学目标的契合度不理想，缺乏满足需求的庞大的课程资源库，可定制但成本高，因此只能被动接受现有资源；内容制作平台缺乏标准化管理，供应链及拓展配套产品没有建立统一的规范，不同 VR 产品在内容上兼容性差，难以互联互通，教学资源共享性不足，且版权易受威胁，教学质量难以保证。

3. 效果方面

盲目追随 VR 教育发展形势，容易忽视真实世界教学的主导地位，本末倒置。从教师教学来看，由于师资培养方面 VR 技术壁垒较高，缺乏技术与教学一体化的学前教育师资队伍，教师无法进行独立开发和设计教学，只能过度依赖外部专业 VR 技术开发公司，使得教师参与度下降，外部产品常常无法解决教学痛点，与传统教育难以完美结合；

从幼儿习得来看，容易过分追求内容设计的新颖性和趣味性，甚至利用 VR 技术构建不符合客观事实的虚构世界，过度使用技术手段营造新奇反而容易分散幼儿注意力，违反本质规律不仅不利于幼儿正确地认知世界，还可能引发沉溺于虚拟世界的心理疾病，不利于幼儿的身心健康发展，忽视心理层面教育。

（二）解决对策及建议

通过分析以上存在的问题，发现出现这些问题的主要原因是 VR 技术与学前教育融合后产业链上各要素配合不到位，缺乏统一的行业管理和运营标准。因此，为了使二者的融合价值最大化，建立完善的 VR+ 教育生态系统势在必行。生态链上应涉及政府、设备生产商、内容平台开发商、终端运营商、园所、教师、幼儿、家长等多方要素，在统一的行业标准基础下，只有各方协同配合，才能推动 VR 与学前教育的融合发展，不断探索科技引领教育发展的新篇章。

1. 政府助推

国家应当制定相应的政策来促进 VR 教育的持续稳健发展，一方面提高 VR 行业的市场进入壁垒，促进 VR 产业形成良好的行业结构；另一方面要促进 VR 企业的兼并，将资源集中起来，以在技术上做出突破，促进整个 VR 行业的发展。

2. 上游企业

设备研发企业应注重儿童体验设备的轻简化，充分利用 5G 网络“高带宽、低延迟”的优势，打通传输屏障，实现只需要无感设备和无线连接的“瘦终端”，不断优化升级操作体验的同时，降低园所硬件体感设备的购买成本。

3. 中游企业

内容开发企业应不断优化性能，构建云计算 VR 内容服务平台，通过大数据云 VR 内容分发就可以实现教育内容的部署，而无须终端用户高额购买内容存储和处理设备，有助于加快 VR 教育市场的发展和普及；同时加大版权保护力度，使用户可以在平台上购买受版权保护的高质量应用，从而促进 VR 教育内容健康有序发展。

4. 下游企业

市场运营商可以对有大量 VR 教育业务需求的园所建立专属网络，保证业务的大链接；同时发挥在 VR 教育版保护和专有培训材料的安全传输方面的积极作用，联合各要素制定完善 VR 技术产品研制及教学应用标准和规范，保障终端 VR 教育内容安全存储。

5. 终端用户

首先，园所要加大与企业的交流研学，合作打造“研教一体化”的 VR 示范教学平台与示范点，将教学与 VR 设计相结合，联合开发 VR 课程资源，不断充实与园区或早教中心教材相匹配的 VR 教学素材库，从而达到更好的交互体验及学习效果。其次，鼓励一线教师成为开发内容的主体，紧随 VR 技术发展的步伐，广泛参与 VR 教育资源的研发制作与持续更新中。最后，教师要准确把握教育性与技术性的平衡点，将 VR 技术与传统教学模式相融合，承担技术强大辅助作用的同时，也要认识到真实世界教学的主导地位，避免因追求科技上的高精尖、新奇特而盲目推广 VR 技术，不仅造成资源浪费，也不利于幼儿对于客观世界的认知发展。

总之，通过建立 VR 学前教育生态链可以促进各要素的自我升级与相互协作，共同完成教学资源的建设、管理及后续信息服务等，充分发挥规模经济和资源整合的优势，保证技术研发、内容建设、教学效果的不断优化，有利于“产、学、研、用”一体化良性 VR 教育生态系统的形成，不断推进学前教育教学模式的创新改革，平扫地域差异导致的教育不均衡，实现优质教育资源共享。

第二节　游戏治疗在学前融合教育中的应用

学前融合教育是特殊教育的一个领域，主要是把 0—6 岁的特殊儿童安置在普通儿童班接受教育服务。学前融合教育强调有效把握特殊儿童的特殊需求，以及把握障碍发生的时效性，依照个别差异，及早施行适切的教育服务，并提供医疗、教育及社会资源等各方面的协助。融合教育（Inclusive Education）的目的，是通过“主流化”让有特殊教育需要的学生受惠于主流学校的教养和社会化过程。正如劳摩内（Lamorney）等人指出，在早期融合教育环境中，儿童在社会能力和社会化游戏领域取得了显著性的进步，在其他发展领域也取得了相似的结果，儿童社会认知和适应能力的改善很可能是融合教育的最大收获。

一、游戏治疗对融合教育的功能

游戏治疗起源于 20 世纪 20 年代精神分析学派，20 世纪七八十年代游戏治疗开始被用于儿童心理治疗。游戏治疗是以游戏活动为媒介，为儿童创设一个充分自由的环境，借助游戏让儿童在自由地玩耍中把内心的问题和焦虑“玩”出来，让儿童在游戏活动中自然地表达自己的情感、暴露内心存在的问题，使问题得以缓解或消失，使其获得发展。

其治疗过程是在自然情境中进行的，主要目的在于通过为其提供表达经验和感受的机会，帮助其自我引导、自我痊愈。近几年随着融合教育的发展，特殊儿童与普通儿童一起接受教育的形式迫切要求将游戏治疗应用于幼儿园日常教学活动中。这是因为游戏作为当前幼儿园一种普遍的教育形式，在为特殊儿童提供丰富的材料、主动的学习环境的同时，也有利于特殊儿童社会性的发展。

有研究表明，早年处境不利、遭受虐待的儿童，并不一定会成长为有人格障碍的人，他们成年后也可以成长为健康而负责的社会成员和富有爱心的家长。学前游戏治疗是以融合教育为基本理念，为特殊儿童与正常幼儿之间社会互动的发生、社会关系的形成以及友谊的建立提供机会，并在原有的游戏基础上进行具有游戏治疗功效的游戏活动，以促进特殊儿童的发展。当前融合教育发展不尽如人意，游戏治疗作为一种学前融合教育形式，通过为特殊儿童、普通儿童提供发展需要，以在某种程度上达到较高质量的学前融合教育。

二、游戏治疗的理论基础与基本特征

（一）游戏治疗的理论基础

1. 心理学基础

游戏治疗主要起因是，精神分析学者在对儿童进行精神分析的时候，发现很难通过语言来获得有效信息，后来他们认为可以通过游戏将儿童压抑在潜意识里的内容提升到意识层面进行解释从而解决问题。认知行为学派认为儿童可以通过结构性的游戏学习应对各种情境的技能，矫正不合理的认知和行为模式。认知行为游戏治疗的介入策略有很多，主要包括：行为塑造、强化、削弱、认知改变以及其他替代行为策略，等等。人本主义心理学在扬弃精神分析的基础上，认为儿童之所以有问题，是因为其自然的生长遭到了破坏，患者中心游戏治疗的目的是解决儿童与其环境之间的不平衡，以帮助他很容易地适应自然，自我得以发展。虽然各学派强调的重点不同，但通过游戏治疗达到宣泄、净化以及重整内在人格结构的基本理念是一致的。

2. 幼儿游戏理论基础

儿童缺少成年人具有的适合心理咨询的因素：对心理不适的觉知、主动求助的愿望、希望咨询的动机。儿童运用语言符号和词汇能力的不足，较大程度地影响了传统的临床心理治疗应用于儿童方面的发展。而游戏能治愈儿童，因为它可以让儿童释放封闭的情感，并再现创伤事件和经历。通过游戏，儿童通常能发现问题之所在，并尝试用新的行为方式来解决问题。游戏是儿童的语言，儿童用游戏“说话”比用语言说话更自在，游戏使儿童能够有效地表达与交流自己的情感；游戏是儿童内心世界的镜子，游戏治疗在发现和诊断特殊儿童心理行为问题方面的功效，应该引起更多关注；游戏也是评估治疗过程的关键，因为它使得治疗师能够理解儿童的需要、情感、冲突和恐惧，同时确认儿童投入治疗中的程度。

（二）幼儿园游戏治疗的基本特征

幼儿园游戏活动打破了传统教学空间的布置格局，通过重视幼儿的自主活动，重视幼儿与环境、材料的相互作用，重视教师与幼儿的互动来满足不同发展水平的幼儿的需要，游戏活动作为幼儿的一种主要学习方式，在为幼儿提供轻松愉悦的环境的同时，还能促进幼儿的发展。

1. 材料丰富

始终呈现开放的状态并提供多类取放自如的操作材料。丰富多彩的活动材料既适合不同能力水平的幼儿，也适合不同兴趣爱好的幼儿，能很好地促进各年龄幼儿能力水平的提高。游戏活动内容丰富，包括认知、角色游戏、艺术活动、建构活动等，活动时，幼儿在显性、隐性的社会环境中积累着社会经验，同时为其表达经验和感受提供途径。

2. 强化同伴交往

幼儿在主动与环境、同伴的互动中获得发展。特殊儿童与普通儿童处于平等地位，特殊儿童不仅会在感知运动、语言等方面有较好的发展，而且有助于特殊儿童与正常幼儿社会互动的发生，为其社会关系及友谊的建立提供条件。有机会与障碍儿童交往、共同成长的无障碍儿童，长大以后会对社会中那些弱势人群具有更深刻的理解和尊重。

3. 利于师幼互动

游戏活动遵循差异性原则。幼儿在游戏活动这个近似自然的情境下的表现也是最真实、最完整的，教师通过观察每个幼儿在区域活动中的行为表现，就可以把握幼儿的不同个性、不同智能类型，并据此采用不同的方式介入活动，使幼儿的活动和教师的指导都呈现出个性化色彩。游戏为特殊儿童提供熟悉且具有安全感的环境，有利于教师对特殊儿童的观察与治疗。

国内对特殊儿童游戏治疗的地点多选在融合幼儿园的游戏室。毛颖梅、田赛等在融合幼儿园游戏室进行治疗，游戏室约 30 平方米，室内有积木、拼图、套筒、球、沙子、塑胶动植物及人偶、布娃娃、厨房用具等玩具，游戏室分为四个区域（沙盘区、建构区、娃娃家区、音乐区）。邱学青也将研究地点选在融合幼儿园游戏室。游戏室是开放式的，为游戏治疗提供了物质基础，是教师教育或游戏干预的客体化和物质化。

三、游戏治疗应用对象分析

在国内外研究中，对各种类型儿童的游戏表现以及评估残障儿童在游戏中的发展水平的研究相对较多，但以残障儿童为对象的游戏治疗研究文献并不多。现有的游戏治疗文献中涉及残障儿童的类型有：智障儿童、孤独症儿童、学习障碍儿童、注意缺陷儿童。

（一）对智力障碍儿童的游戏治疗

毛颖梅指出可以应用游戏对智力障碍儿童进行教学活动，应用跨领域游戏本位评估TPBA（Transdisciplinary play-based assessment）对特殊儿童进行评估。通过游戏治疗，智力障碍儿童可以获得积极的情感体验，一定程度上解决了情绪和由于情绪导致的行为问题，参与游戏治疗师发起的游戏有助于儿童更好地表达自我，获得控制感。

（二）对孤独症儿童的游戏治疗

毛颖梅等对一名孤独症儿童进行了游戏治疗。研究结果显示：在 16 次治疗后，该儿童在感官知觉、大动作、精细动作、生活自理、社会技能方面也都有一定提高。并且，其有利于社会的行为随着游戏次数的增加而不断增加，不利于社会的行为在第 10 次治疗之后就再未在治疗中出现过。

（三）对注意缺陷儿童的游戏治疗

张希清等采用倒返设计对一名患有注意缺陷多动障碍（Attention Deficit Hyperactivity Disorder）的 5 岁男孩进行游戏治疗。第二矫正期过后，患儿多动行为明显减少，基本能够专心地做一件事情，多动行为的发生次数趋于稳定。

（四）对感官障碍儿童的游戏治疗

王萍等采用倒返设计，观察沙盘游戏治疗是否能改变社交焦虑障碍聋童与人交往的状况。经过游戏治疗后，每天特定单位时间观察到的被试者与人接触的次数增加，交往的质量提高，交往范围逐渐扩大，焦虑状况得以缓解。研究者认为沙盘游戏心理干预是改善聋童的社交恐惧的一种有效心理支持方法。

四、学前融合教育中游戏治疗的实施机制

游戏治疗并非仅仅是在游戏室里使用玩具作为沟通手段的简单方式，而是包括诸如

绘画、音乐、舞蹈、戏剧、运动、诗歌、讲故事等其他多种表现方式。角色（表演）区、建构区、美工区、阅读区、益智玩具区、沙水区是幼儿园班级常设的基本游戏活动区，游戏治疗需要幼儿教师在此基础上根据特殊儿童的不同需求，创设环境、进行游戏活动。

（一）建立平等关系，创设轻松环境

在温暖和被接纳的游戏治疗环境中，幼儿更容易释放情感、建构新的感知体验并在游戏中习得新行为。首先，要建立良好的师生关系，这是保持儿童心理健康的最主要因素。作为教师需要接纳幼儿真实的一面，尽量做到完全接纳孩子。孩子是敏感的，能从治疗者的态度尤其是对治疗者无意表露出的拒绝中感受到自己是否被完全接纳，一个疏忽的治疗者很容易落入无数个这样的陷阱中。其次，应该选择日常生活中常见的材料作为游戏的玩具，同时应能促进幼儿表达、释放消极情绪并为攻击性情绪的表达提供机会。游戏治疗的质量与玩具材料的质量和数量没有直接关系。对于特殊儿童来说，游戏治疗中的玩具材料不需要非常丰富，只要能达到治疗效果就好。

（二）不同游戏活动的设置及功能

在近一个世纪对游戏治疗的研究和实践中发展出一系列的游戏治疗技巧，主要有：象征性游戏技巧，主要是洋娃娃、布偶、面具、电话和积木等玩具的应用；自然媒介的游戏技巧，对沙、水、泥土、食物等物品的应用；艺术的游戏技巧，包括乱画游戏、指画游戏等；必须借助言语完成的游戏技巧，包括说故事、角色扮演、放松想象等游戏技巧；规则游戏，如各种棋类游戏等。而幼儿园游戏治疗中的玩具材料是在幼儿园原有游戏材料基础上增加的对特殊儿童有治疗作用的材料。

设置沙盘：包括拳击袋、武器（刀、枪、剑）、玩具士兵、军用交通工具、炮弹、盾、手铐等，它们有助于表达生气和愤怒，探索控制或信任程度。沙盘区设置沙盘游戏，教师需掌握专业沙盘游戏技巧。其有助于反映沙盘游戏者内心深处意识与无意识之间的沟通与对话，以及由此而产生的治愈过程和人格发展。

美工游戏：包括画架、绘画用具、水彩、蜡笔、胶水、报纸、彩色黏土、剪刀、指画、羽毛、面具等。有助于探索感觉、增加控制、问题解决能力和创造力的培养。

娃娃家：包括娃娃屋、可折式娃娃家庭人偶、动物家庭、摇摇椅、娃娃手偶、娃娃衣服、奶瓶、填充玩具、厨具（锅、碗、瓢、盆）。这些有助于发展迟缓或情绪障碍的幼儿，帮助其获得抚慰或演出生活情境中的事件。

角色扮演游戏：包括面具、服装、魔术棒、帽子、首饰、医生听筒、电话、人物角色、动物玩偶、沙箱、卡车、厨房用具等。有助于幼儿表达感受，探索各种不同的角色，实验各种不同的行为程度。

益智游戏：棋盘（交通棋、五子棋）、七巧板、触摸袋、触觉板、触觉箱、听觉盒、动物拼图、串珠等，有助于幼儿肢体、感官能力的发展，特别有益于感觉障碍、智力落后的幼儿。

建构游戏：积木、建筑工具等玩具。有助于幼儿空间意识的形成，是特殊儿童表达自我的一种方式。

阅读活动：幼儿图画故事书，教师可采用故事治疗和阅读治疗，有助于语言、阅读障碍幼儿获得发展机会，也为特殊儿童发泄情绪提供途径。

（三）培养专业的特殊儿童教师

高素质教师是推进融合教育的关键，融合教育首先要重视教师的教育与在职培训，使教师具备实施融合教育的素质与能力。游戏治疗重点不是在于游戏，而是在于治疗。干预治疗的方式应以普通自然的方式为导向。游戏治疗是特殊儿童教师在幼儿自主游戏的基础上，通过观察发现问题，针对特定问题做出具体的游戏治疗方案的过程。教师在观察和治疗特殊儿童的过程中，需要不断地对治疗的必要性、治疗的时机、治疗过程中的回应技巧、互动原则、设限技巧等问题进行思考并采取适当的策略。

由于特殊儿童受到生理或心理因素的限制，以致在认知能力、身体感官及行为上有所缺陷，从而影响他们的学习。将特殊儿童安置在一般幼儿园的融合班级的学习环境中，这些幼儿既具有一般幼儿的发展特质又具有自身特殊化的身心发展差异和学习需求。故此，幼儿教师需了解特殊儿童生理、心理特质，考虑特殊儿童具有幼儿阶段普遍化的身心发展顺序，以及异质化的特殊教育需求，从而确定治疗方法。

五、学前融合教育游戏治疗的教育展望

（一）架构理论，重视幼儿园游戏治疗

当前游戏治疗大多集中于心理层面的操作与运用，具体到教育实践当中的理论研究十分匮乏。随着融合教育发展范围的不断扩大，融合幼儿园对具体、有效地进行特殊儿童的指导与教育的理论与实践知识的诉求增加。游戏治疗为特殊儿童融入普通教育提供新思路的理论依据、路径探寻，都需要更多相关的研究进行佐证与支撑。

（二）完善基础，创建较高质量的学前融合教育专业队伍

创办具有高教育公平、高质量的融合教育是游戏治疗充分发挥功能的基础。一个高质量的早期儿童融合教育，不仅要让有特殊需要的儿童在感知运动、语言等方面有较好的发展，还要获得与人相处和互动等各种交往的技能。而推行融合教育需要一支庞大的专业化团队。在游戏治疗或其他形式相处过程中，大多数情况下普通儿童与特殊儿童的互动不会自发出现。因此，幼儿教师要具备专业的知识、能力、技巧与热情，创设环境增加特殊儿童与正常幼儿一起学习的机会，使特殊儿童积极参与各种促进发展的活动并形成良好的互动。

这就要求进行游戏治疗的融合教育幼儿园配备学前特教工作者（early childhood special educator）。学前特教工作者指为0—5岁特殊儿童服务的专家，他们同时接受过学前教育和早期干预两方面的培训，具有较为扎实广泛的学前融合教育专业知识。他们能够根据学前普通儿童与特殊儿童之身心特质与教育需求，研发本土化游戏治疗教材，提升教师整体游戏治疗的能力水平。因此，需重视对当前特殊儿童教师进行现场专业培训指导，使教师掌握专业的游戏治疗技巧，提高专业素养；并逐渐构建游戏治疗师认证标准，建立和完善培训、考核、监督等相关机制。

（三）拓展途径，丰富游戏治疗形式

儿童的任何症状，都不仅仅是儿童自己的问题，儿童是家庭中的一员，是整个“系统”的一部分，在一个系统中，儿童的言行不断地影响周围人，同时也是家庭其他成员的影响。融合教育更需要家长的支持。融合教育不仅可以对特殊儿童和普通儿童产生影响，而且也可以让家长通过教育，改变固有观念并主动提供支持。在亲子游戏治疗中家长与幼儿一起开展游戏活动，有助于营造轻松愉悦的氛围，较容易获得更大的疗效。另外，团体游戏治疗也为儿童提供了一个最接近家庭结构的接纳性团体，在这里儿童可以自由地使用游戏语言进行沟通，从有效的治疗关系和精心设计的互动游戏情景中获得自我学习与自我改变；团体也给儿童提供了一个获得自我成长和学习他人的缩略的社会情境。和个别治疗比起来，团体治疗对那些社会适应有困难的案主最有帮助，幼儿在团体游戏中以各种不同的方式对治疗情境做出反应，将会更容易以缓和的方式与特殊儿童教师建立良好关系。

第三节　音乐教育在学前融合教育中的支持作用

当今，融合教育作为一个全新的理念，已经逐渐在特殊教育领域中发挥着重要作用，其奥秘需要我们去不断地探索。

一、音乐教育发展特殊儿童的各种能力，促进儿童融合教育的开展

音乐教育能够促进儿童大脑发展，提高智能水平；能够提高儿童运动能力，增强身体协调性；能够增进儿童心理健康发展，提高社会适应能力。这些理念通过多年的研究与实践已经得到了教育界的普遍认可。音乐教育的开展，有利于儿童智力的开发，将音乐巧妙地加入幼儿教育中，能够使孩子们的注意力很快集中起来，有利于激发儿童的创新思维、提高语言能力和对事物丰富的想象，提高智力。音乐教育的开展可以调节情绪，可以帮助儿童产生积极情绪的动力。音乐教育的开展还能够带给儿童美的享受，身心愉悦地投入到活动中。

二、音乐教育活动利于开展合作学习，通过集体教学促进融合教育效果

融合教育的教育方式是以经过特别设计的环境和教学方法来适应不同特质孩子的学习，通过合作的形式来达到在学习中完全包含的策略和目的，其最终目的是在教育环境、物理环境、社会生活中，包括特殊孩子在内的每一个孩子都可以得到自身的满足感和充实感。

艺术活动能够在一段时间内将人与人之间的距离拉近，产生心灵的共鸣，因此，音乐教育活动对学前教育阶段儿童的合作能力培养和交际能力培养是非常有用的。在融合教育课堂中，每个孩子，包括特殊孩子都不是“看客”，而是“主人”。在教师专门为融合教育设计的音乐活动中，普通儿童和特殊儿童分工合作、互相帮助、互学互教、互相鼓励，共同完成学习内容。音乐活动促进了特殊儿童和普通孩子的交往，融入成为一种自然的状态，通过不断地交流与沟通，发挥孩子们的主动性与积极性，培养合作意识。学前的音乐教育活动大多是集体教学，在集体合作中完成教学任务是幼儿园常用的音乐

教学模式。学前音乐活动中不论是歌唱活动还是韵律活动都是孩子们喜欢、乐于参与的活动。特殊儿童在班级中不仅仅意味着身体的存在，而是真正成为班级的一员，参与到班级活动中。在音乐活动中特殊儿童和正常儿童融合在一起学习，合作完成任务，尽可能地减少二者之间的差异，使他们体验到集体创造的快乐，学习与他人非言语的交流和默契合作，通过音乐彼此沟通并进而建立起感情上的和谐关系，学会理解、接纳、欣赏他人。

三、音乐教育活动形式多样、内容丰富，儿童的接受度高，利于融合教育的开展

通过一段时间在已经开展融合教育的幼儿园及康复中心开展调查，不论是普通儿童还是特殊儿童，他们在音乐活动中所表现出的关注度、参与度、配合度及取得的教学效果均高于其他门类的教育活动。音乐活动的形式多样，活动内容也十分丰富，古今中外、包罗万象。教师可以根据需要选取合适的音乐活动内容与形式，开展多彩有趣的音乐教育活动，吸引孩子们积极参与，在轻松愉快的氛围中取得教育的效果。此外，音乐教育不仅仅存在于课堂，而是贯穿于孩子们的一日生活中。作为教师，我们设计了多种多样的活动，可以使孩子们不仅在课堂教育中感受音乐氛围，在生活、休息、游戏的时候都能够与美妙的音乐相伴。同时，音乐教育活动还是一种综合性的教育活动，它可以与其他的教育内容有机地结合起来，通过音乐的形式开展其他学科的知识学习，在一定程度上克服融合教育中分科教学的缺陷，有助于将各种教育因素全面地整合利用起来，促进融合教育的开展。

综上所述，发展融合教育是现代社会发展的标志，也是对传统教育观念的挑战。音乐教育活动可以改善特殊儿童在学习能力、人际交往等方面的不足，使他们尽快融入融合教育的环境，进一步适应融合教育的要求。同时也帮助正常孩子改变心态，愿意接纳特殊儿童，打造更加和谐融洽的融合教育环境。提高融合教育的教育效果，将是教育工作者积极探索的教育新路。

第四节　嵌入式教学及其在学前融合教育中的应用

随着融合教育的发展，越来越多的特殊儿童进入普通班级就读，融合教育已成为特殊教育发展过程中不可阻挡的趋势。学前教育对幼儿的发展十分重要，对特殊儿童的发展与康复更为关键，为特殊儿童提供适当的教育机会越来越受到社会的重视。如何在学前融合情境中为特殊儿童提供满足其特殊需要的教学，成为学前教育研究者和实践者的关注点。

在学前融合教育生态系统中，教学作为一项系统的、有计划、有目的的活动，必然会影响教育实施的有效性。当前学前融合教育中缺少适用于特殊儿童的教学方法，以至产生了“随园就混”现象。如何既基于特殊儿童的需要为其提供系统教学，又与普通班级的教学兼容成为学前融合教育面对的巨大挑战。自 20 世纪 60 年代末，研究人员开始开发更自然灵活的教学方法，以满足学前融合教学情境的需要。在众多学前融合教育教学方法中，嵌入式教学（embedded instruction，缩写 EI）以其高可实施性和有效性得到研究者和教育工作者的青睐。本节将以国际嵌入式教学研究文献为基础，分析嵌入式教学的内涵、实施过程、特征、效果，以期助益于后续相关研究及嵌入式教学在我国学前融合教育实践中的应用。

一、嵌入式教学在学前融合教育中的产生与发展

嵌入式教学是指将学习计划或个别化教学活动嵌入日常活动、集体教学或由幼儿发起活动中的教学干预方法。嵌入式教学最早出现于 20 世纪 80 年代中期的文献中，但开始并未运用于学前融合教育领域。嵌入式教学最初主要应用于一般的特殊教育教学中，20 世纪七八十年代，家庭、学校和社区中开始运用嵌入式教学教授特殊儿童的语言和社会交往能力，开发出来的教学策略包括随机教学（incidental teaching）、环境教学（milieu teaching）、自然时间延迟（naturalistic time delay）、关键反应训练（pivotal response training）等。

20 世纪 90 年代，嵌入式教学开始逐渐运用于学前融合环境中。所谓学前融合教育中的嵌入式教学是指以有效的教学策略为基础，选择合适的嵌入时机，将教学计划实施分布在学前融合环境中的日常活动和活动转换中，促进学前特殊儿童参与和学习的教学

干预方法。1997 年，嵌入式教学首次应用于学前融合环境中，Wolery Anthony 等人在学前融合环境中，通过培训普通教师运用嵌入式教学对三名特殊儿童实施教学并取得良好效果。此后，嵌入式教学在学前融合环境中运用范围更广，其有效性得到进一步证实，并出现了新的教学策略，如基于活动的教学（activity-based instruction）、基于过渡环节的教学（transition-based teaching）等。

在学前融合教育嵌入式教学的实践中，展现出系统性、自然性、灵活性等特点。一方面在实施教学前教师需制定教学计划，另一方面在自然的情境中教师可以根据幼儿的状况实时教学、灵活调整教学计划，其中教学计划应明确“教什么、何时教、怎样教、怎样评估”等四个问题。有研究者将这种教学方法称为“自然主义教学”或“随机教学”，这两者都强调幼儿主导，基于幼儿的兴趣发起教学。嵌入式教学中，尽管教师最大限度地利用幼儿主动发起的教学机会，但教师也需遵循学前融合教学的系统性，这与更强调幼儿主导的自然主义教学不同，因此，将该方法称为嵌入式教学更为合适。

由于当代特殊教育实践中，运用个别化教育计划（IEP）对特殊儿童实施的教学陷入刻板、烦琐的境地且未建立起儿童现有水平评估—课程与教学目标—成效评价之间的动态联系，因此，嵌入式教学在学前融合教育中应用的范围越来越广。

二、学前融合教育中嵌入式教学的实施及特征

嵌入式教学的实施主要包括前期准备、计划制定、教学实施和教学评估与追踪五个部分，每个部分又包含一系列具体内容。其中，目标制定、实施场景、教学策略和教学效果评价与追踪构成了嵌入式教学的四大核心要素。

（一）目标制定：以普通教学和 IEP 目标为基础，由普通教师和特教教师共同制定

嵌入式教学方案的制定和实施应基于幼儿的当前兴趣和需要，因此，首先，结合医学诊断、家长和教师的反馈及摄像机记录等资料，形成对幼儿的全面和详细评估，确定幼儿的教育需要。然后，将特殊儿童教学目标与普通班级教学目标相结合。最后，结合 IEP 设定的教学目标，由特教教师与普通教师共同制定嵌入式教学目标。此外，嵌入式教学目标界定必须清晰，否则当特殊儿童在教学实施中有回应时可能得不到及时地教学服务。

（二）实施场景：以嵌入活动类型为依托，与课堂活动互不干扰

在早期教学实践中，嵌入式教学多应用于半天或全天融合班级，也用于社区幼儿园、

私立幼儿园、特殊教育课堂，其实施场景多样、灵活，如课堂活动、日常活动或活动之间的转换场景等。嵌入场景的选择应慎重，因其会影响嵌入教学的次数。

嵌入式教学实施场景创设十分重要。基于特殊儿童的教学目标，实施场景创设包括人文环境创设和教室环境创设。在人文环境方面，教师可将发展程度较好的幼儿安排到特殊儿童旁边，以同伴介入的形式，帮助特殊儿童达成教育目标；在教室环境方面，教师可以把与教学内容和教学目标有关的材料布置在墙面上，让特殊儿童可在课堂外以简单自然的方式学习目标技能。嵌入式教学实施场景的选择应考虑嵌入活动的类型，选择易于嵌入的场景，寻找在实施场景中嵌入学习的机会，符合教学计划中确定的嵌入次数，以确保干预实施和课堂活动之间互不干扰。

（三）教学策略：以响应提示方法为核心，灵活运用多种教学策略

嵌入式教学策略中关键的组成部分是通过逐渐撤出响应提示为教学的实施提供支持。响应提示是指由教师发出指令、根据幼儿的反应给予强化或纠错的方法，贯穿于教学实施的整个过程。它的目的是帮助幼儿在教学实施中完成教学目标，对教学策略实施的效果发挥重要的作用。嵌入式教学中许多教学策略中都包括响应提示方法并得到广泛运用，比如固定时间延迟（constant time delay，CTD）、及时刺激（simultaneous prompting，SP）、渐进时间延迟（progressive time delay，PTD）、从多到少提示（most to least prompting）等。与其他教学策略相比，CTD 更加广泛有效地应用于教授不同类型的学前特殊儿童。因为教师只需掌握嵌入提示和时间延长的时机，简单易行。教学策略的选择应综合考虑幼儿的类型、活动类型和教学目标，根据实施的情况灵活调整不适宜的教学策略。

（四）教学效果评价与追踪：实时评价与长期追踪相结合

教学实施后，教师需定期对教学效果进行评估，确定教学的有效性，以对教学进行强化或调整。同时，对教学效果和教学过程进行追踪和监控，提高教学效果的长时效应和教师实施忠诚度。研究发现，若教师能够依据数据反馈调整教学策略，则其更能满足幼儿当前需要。传统学习评价多采取整齐划一、诊断性的评价，而嵌入式教学在自然教学活动中对幼儿进行评价，如集体教学活动或日常活动等。教师不会立即对幼儿当下反应给予反馈，而是记录其回答的正确率，以便后期调整教学计划。

（五）学前融合教育中嵌入式教学实施的特征

嵌入式教学在实施过程中有以下特征：（1）明确目标：嵌入式教学实施前需根据对

幼儿的综合评估，包括幼儿能做什么、喜欢做什么，并考虑在哪些场景中嵌入更加有效，制定具体的教学目标和评价标准。（2）教学实施适用学前融合教学情境：教学实施前，需充分了解幼儿园的一日活动内容，选择幼儿喜欢并且教学实施易于嵌入的教学场景，从而准确掌握嵌入时机和频率；如未找到恰当的时机，教师可以单独提供特殊教育机会补充教学。（3）教学分布于多个活动之中：传统教学集中于一个环节，嵌入式教学的实施在时间和活动上是分散的，分布于多个活动之中，教师需制定详细计划以确保既能满足特殊儿童的需要又不干扰课堂教学进行。（4）有效的教学策略支持：在初始阶段，教师应多使用相应提示方法，纠正错误，提供自然强化物，逐步达成教学效果。（5）实时调整教学实施：根据教学效果，及时调整教学计划，比如降低和提高目标难度等。

三、嵌入式教学对学前特殊儿童的教学效果

在学前融合情境中，嵌入式教学是一种行之有效的教学方法。已有关于嵌入式教学有效性的研究主要集中于幼儿认知发展目标、社会发展目标及动作发展目标三方面，以下将从这三方面对嵌入式教学的教学效果进行总结和梳理。

（一）嵌入式教学对学前特殊儿童认知发展的促进效果

嵌入式教学对学前融合班级中特殊儿童认知发展目标影响的研究相对较多，主要集中于幼儿语言、前书写、数学、命名等技能，并可有效促进特殊儿童对以上技能的获得和维持。

在语言技能方面，嵌入式教学可有效提高语言发展迟缓幼儿的语言和识字能力，并其效应也能够泛化和维持。在 Horn 等的研究中，教师以小组活动形式运用建模和积极响应教学，教会特殊儿童说“火车”一词，随着教学的进行，特殊儿童能够给予回应，且回答“火车”的正确率逐步增加。嵌入式教学不但可以提高幼儿回答问题的次数和正确率，还能提高其维持多人对话的能力。在前书写技能方面，也十分有效。Grisham-Brown 等对幼儿的前书写技能进行教学，发现三名幼儿中两名达成教学目标，一名幼儿与基线期比取得明显进步。嵌入式教学也可以促进幼儿数学技能的提高。Horn 等研究表明，嵌入式教学可以提高特殊儿童的计数能力。也有研究者使用 CTD 进行教学，如 Daugherty 等将计数目标嵌入课堂活动中，发现 CTD 对于提高幼儿计数能力十分有效。除计数之外，嵌入式教学还可以促进幼儿掌握其他数学内容，如在 Johnson 和 McDonnell 的研究中，通过在反馈教学策略中呈现闪存卡的方式让幼儿学习从 0 数到 9 和比较两个数的大小，结果发现，特殊儿童不但能够从 0 数到 9，并且理解了“大于”

的概念，能够比较两个数的大小。也有研究表明，嵌入式教学可以帮助幼儿对事物命名和分类，Wolery 等人培训教师在课堂上采用 CTD 对幼儿进行教学，结果表明幼儿能够在课堂上达成阅读视觉单词、活动命名和食品分类等教学目标。

（二）嵌入式教学对学前特殊儿童社会性发展的促进效果

在各类教学目标中，社会性发展目标与教学活动类型匹配度最高，也是教师制定最多的教学目标类型之一。嵌入式教学可以提高学前融合班中特殊儿童的社会交往能力，如参与互动、沟通对话、模仿和游戏技能等。

研究发现，实施嵌入式教学后，特殊儿童举手回答问题次数逐渐增多，且能通过媒介主动发起求助。Johnson 和 Mcdonnell 的研究中，教师使用及时提示和反馈教学策略教学，发现特殊儿童在课堂上遇到困难时，能够通过“帮助”标识向教师寻求帮助，并且能泛化到其他的活动中。Malmskog 和 McDonnell 研究发现，嵌入式教学可以提高特殊儿童在区域活动中的积极参与水平。McBride 和 Schwartz 研究也得到了类似的结论，发现使用嵌入式教学后，特殊儿童与教师和同伴互动水平均得到提高。Macey 和 Bricker 使用单一被试 AB 设计，对 3 名特殊儿童实施嵌入式教学，研究中幼儿在发起合作活动、轮流对话以及小组活动中做出适当反应的能力和沟通交往能力均得到提高。研究表明，在学前融合班级中，将自然环境教学法和作业治疗法应用于嵌入式教学可提高幼儿的沟通能力。在 Garfinkle 和 Schwartz 研究中，教师通过建模引导幼儿与小组成员交流，发现特殊儿童模仿同伴和与同伴交流的能力均得到提升。也有研究者将社会交往目标嵌入游戏中，发现通过使用建模、提示教学策略后，社会交往障碍儿童与普通儿童之间的对话数量和质量均得到提高。

（三）嵌入式教学对学前特殊儿童动作发展的促进效果

除认知技能和社会技能外，嵌入式教学还可以提高学前融合教学中特殊儿童动作技能的习得、维持及泛化。Fox 和 Hanline 研究表明，嵌入式教学可以提高幼儿的目标动作技能，研究中幼儿将物体装进容器、拿出物体和双手握住物体的技能均得到提高。Horn 等的研究也支持了该结论，在研究中幼儿的倾倒动作、抓握物体的动作技能均得到提高。还有研究者研究了哪一种教学策略对儿童动作发展有影响，Venn 等采用 PTD 对特殊儿童在艺术活动中对同伴的模仿行为进行教学，发现该教学策略可以提高特殊儿童对同伴新动作的模仿，并且模仿基本没有错误，同时提高同伴动作模仿水平会泛化到其他动作中，如精细动作。Grisham-Brown 等使用反应提示策略对特殊儿童进行教学，发现特殊儿童在动作发展目标上均取得进步，如根据指令做动作、开关设备、抓握小物品等。

嵌入式教学作为一种灵活、有效的教学方法，对学前融合教育中特殊儿童认知发展、社会性发展以及动作发展等具有促进作用。

四、运用建议

鉴于嵌入式教学在国际上的广泛运用及其良好效果，为促进我国学前融合教育的有效开展，可以将嵌入式教学应用于我国学前融合教育实践中。

（一）嵌入式教学方案制定：基于幼儿的障碍类型与兼顾学前融合环境

从嵌入式教学构成要素角度看，教学中目标制定、活动类型和嵌入学习次数的选择均应基于幼儿的障碍类型并适应学前融合教学环境。

首先，目标制定应考虑不同障碍类型幼儿的主要缺陷，聚焦于特殊儿童认知发展目标、社会发展目标、动作发展目标的提高，目标制定还应贴近特殊儿童独特的最近发展区，制定对幼儿具有挑战性的教学目标；并且，目标的制定应考虑学前融合教学环境，使教学的实施既能满足特殊儿童的需要，同时又不干扰教学的正常进行。其次，在教学活动类型的选择上，应选择提供较多教学机会的活动，如活动之间的过渡、如厕、点心时间、循环活动，而非入园、离园和自由活动，活动之间的过渡和如厕是嵌入教学机会最多的场景。最后，嵌入机会的选择取决于特殊儿童的目标而非障碍类型，因为残疾儿童和普通儿童在嵌入次数上没有显著差异，嵌入的次数应基于特殊儿童是否需要学习此目标技能。

（二）嵌入式教学实施：实时评估，及时调整教学计划

从嵌入式教学实施过程的角度看，教学实施时需及时调整教学计划。首先，教学重点应更多放在有难度、过程慢的任务中。当教学效果一直不能达到期望的状态时，需要调整任务难度和趣味性，提高目标技能的达成率，且难度高的任务应分散在整个教学活动中；教学目标较易达成时，要考虑提高目标的挑战性。再者，教师应根据幼儿的表现及时调整教学策略。例如，若教学中特殊儿童在完成教学目标时错误较多，则不能立即进入下一阶段，而应等待至幼儿表现稳定或调整教学策略。此外，教师在提供强化时，应确定此方法能够引发幼儿反应并且最好能够做出正确的回答。随着教学的进行，应根据幼儿反应和需要改变强化量和强化频率。教师也可列出能够引起特殊儿童正确反应的强化物，改变强化方式，以避免特殊儿童对强化失去兴趣。

（三）嵌入式教学实证研究：以实证支持应用

从嵌入式教学实证研究的角度，未来研究应探究嵌入式教学在不同情境下的有效性，分析影响其有效性的因素。比如，嵌入式教学在不同障碍类型幼儿、不同教学目标中应用的有效性，以及嵌入式教学的泛化和长时效应、影响嵌入式教学有效性的因素以及嵌入学习机会的最佳时机等。

第五节　蒙台梭利教育法在自闭症儿童学前融合教育中的应用

蒙台梭利教育法在全球推广近百年，已经渗透许多国家的学前教育领域，也融入特殊教育的行业中。我国的一些发达地区对学前融合教育进行试点运行，设立了许多以“蒙氏”为特色的幼儿园或教育机构，老师们将自闭症儿童完全融入普通班级中，与正常儿童一起学习和生活，根据儿童的残障程度确定相应的教学计划与内容，运用蒙台梭利的思想体系和教育法使自闭症儿童在社交障碍和语言障碍方面得到有效地干预，同时利用蒙氏教具发展自闭症儿童的运动技能和自控能力，使这些孩子的智力逐步被带入正常化的发展。

随着国际融合教育的发展，我国的学前融合教育得到了许多特殊教育研究者、工作人员以及特殊儿童家长越来越多地关注与参与，他们借鉴美国等先进国家发展经验，运用蒙台梭利的思想体系和教育法的基本原则，结合本土的文化沉淀，针对 3 ~ 6 岁有特殊教育需要的儿童，将他们与普通儿童安置在同一教育环境中，命名为“儿童之家”，以两者共同活动的融合教育为主，并提供多方面支持和辅助以满足其需要和发展。

近年来，患有自闭症的幼儿在逐年增加，学前自闭症儿童的数据急速上升对特殊教育学校和普通学校带来了极大的挑战。我们一直在思考这样的问题：如何让患有自闭症的孩子在 3 ~ 6 岁前能享受平等地受教育的权利，将他们安置在混龄的小班制的环境中得到专业教师的指导和干预，使这些孩子的智力逐步被带入正常化的发展呢？南宁市某融合幼儿园在这方面做了积极的尝试，取得了明显的成效。

一、蒙台梭利教育法概述

蒙台梭利（Maria Montessori）是 20 世纪著名的女教育家，她的教育见解及教育方法不仅遍及世界各地，而且对各地的教育运动产生了极大的影响。蒙台梭利教育法在全球是较先进、科学、完善的学前教育体系之一，是儿童教育客观规律和原则的具体体现。蒙台梭利的具体教育方法以“有准备的环境”为核心，由“有准备的环境”、作为“导师”的成人和作为活动对象的“工作材料”组成，是“环境”“导师”和“材料”的三位一体，是在精心准备的适宜环境中，在导师引导下让儿童自主活动的方法。概括起来蒙台梭利教育法主要有以下几个方面的特征。

（一）以儿童为中心的原则

蒙台梭利主张顺应儿童自然成长的规律，不强求、不施压。在对儿童的教育过程中，成人应当尊重儿童，辅助儿童成为独立的个体，让他们“做自己”。让儿童自由选择活动，锻炼他们的自主性和独立性。蒙台梭利中的给予儿童的自由是有一定界限的，儿童可以自主选择操作教具，前提是不能影响他人；儿童需要选择“工作”，而不能无所事事。陈君强调儿童在蒙台梭利环境中，成人不会告诉儿童你应该做什么，儿童自由地选择他感兴趣的活动，发挥了极大的自主权，培养儿童从内心自主学习的欲望，同时体验学习的过程中带来的喜悦。孙爱青、陈庆表述蒙台梭利教育原则中儿童才是教育的中心。我国的特殊学校课程改革研究方案中也强调重视学生发展需要和学习特点，提倡培养学生自主学习能力和技能。我国对特殊教育的改革方向是与蒙台梭利教育法中“以儿童为中心”是相吻合的。在蒙台梭利教育理念里没有最好的教育方法，跟随孩子的步伐的发展才是适合孩子独立个体的教育方法。

（二）预备好的特殊学习环境

蒙台梭利的环境是为满足儿童的发展需求以及自我构建而设计的，环境是具备儿童发展阶段所需的一切事物，而且要排除不属于儿童发展阶段需求的事物。环境里的家具和教具符合儿童的尺寸，每一件物品都是真实可用的，并在儿童的视线所及、双手可取的原则来设计环境。蒙台梭利设计的教具具有美感和吸引力，具有数学比例的精确性和自我矫正的功能，同时可以培养儿童的逻辑思维能力。同时教具布局具有结构性和秩序性，必须遵循“从左到右，从上到下，由简单至复杂，从具体到抽象”的原则。这原则是根据观察儿童的内在需求和身心发展而设定的。陈君提出蒙台梭利的教具的特性和教育目的非常明显，儿童在重复地操练教具的过程中提高儿童的注意力。蒙台梭利教具帮助儿童“认知”周围环境，从而了解整个世界。

（三）从日常生活训练入手

蒙台梭利认为身体协调、手脑结合作为教育的基础。她主张“动作是生活的基础”，儿童智力的发展依赖于动作练习。因此蒙台梭利在日常生活领域设计七大日常生活能力活动，包括，认识环境、教师常规、生活礼节的学习、精细动作的能力训练、粗大动作的能力训练、照顾自己的能力训练、照顾环境的能力训练。在日常生活领域中，儿童在环境中获得学习的动机，既回应各阶段的敏感期的需求，也把生活中的规律和常理变成习惯。孙爱青、陈庆重点描述儿童操作日常生活领域的教具是符合他们的自然发展、不仅动手还动脑的“工作”。重复操作教具又称为“肌肉教育”。而我国的特殊学校教学内容中规定：培养智障儿童的生活能力，训练智障儿童进入正常化。

（四）蒙氏老师的特殊地位

蒙台梭利教师的职责是给儿童预备好有准备的环境（包括辅助幼儿发展需要教具），让环境与儿童相互作用，通过“工作”的形式来满足儿童内心需求的发展。因而教师则是儿童与教具之间的桥梁。蒙氏教师和儿童建立的师生关系是不寻常的。即：依托于环境，以环境作条件，让儿童的自身需求去自由选择和操作教具，而教师作为引路人，推动儿童主动学习的引领者和帮手，并不是手把手地教。在儿童需要的时候指引方向，及时给予引领；在孩子全身心投入工作时，则后退到一旁观察儿童发展需求，真正让儿童成为环境的主人。牟映雪阐述了教育学家陈鹤琴的观点，在特殊教育岗位的教师必须了解孩子的缺陷和身体特点，不仅给予许多关爱，帮助他们独立和自主，了解和尊重儿童的内心需求，培养他们的自尊心和自信心。李裕光、沈繻淯、陈素珍讲述成功的蒙氏老师按着孩子内在的精神导师给出的信息引导，也必须了解各年龄阶段孩子身心发展的需求，不仅把孩子的观察与记录作为日常工作，而且要把每个孩子看作为不同的个体，因此也需尊重各个孩子学习进度与速度。

二、蒙台梭利教育法在学前融合教育中的作用

（一）自闭症儿童的症状和特征

自闭症是精神疾病，即神经功能失调而影响大脑功能，自闭症一般表现在儿童早期发展阶段，通常出现在 3 岁前。自闭症的男女比例约等于 4 ∶ 1，但是女孩的症状及认知都有严重的损伤。自闭症是光谱式障碍，从轻度到重度，他们的症状和特征是以广泛的组合形式出现的。以下是自闭症的明显表现特征：其一，自闭症影响大脑在社会交流

方面的正常发展，缺乏社交或情绪的互动，很难习得与他人交流的技巧；其二，语言交流障碍并发育迟缓，其中一些儿童正常语言发育后呈现语言倒退的现象，大多数儿童在口语和非口语上有严重的障碍；其三，约 70% 的自闭症儿童的智力处于落后水平；其四，自闭症在视、听、触、味和嗅觉的感官表现敏感，如：对特定声音或图像产生的恐惧或喜好等；其五，常见行为包含多动和注意力分散，个别案例有攻击、自伤等行为。

（二）蒙台梭利教育法在自闭症儿童学前融合教育中的作用

学前融合教育是让特殊儿童和普通儿童处在相同的环境中获得教育的权利。即不要把有残障的儿童与普通儿童隔离，也不让残障儿童滞留在封闭的教室和学校的环境中。我国正实施全纳教育的方针，也逐渐强调“零拒绝”地接受教育。对学前特殊儿童的教育也提上重要日程，提倡让学前特殊儿童进入普通幼儿园随班就读。郑瑞霞、吴岩、常小莉等提出蒙台梭利的“教育治疗”理论，蒙台梭利认为儿童心理缺陷和精神疾病不是个医学问题，而教育能更好更有效地解决这些儿童的问题。

1. 蒙台梭利教育法“治疗”自闭症儿童的社交障碍

自闭症儿童生活在自己的世界里，而不擅长与他人交流与交往。在蒙台梭利的教室中，老师会邀请孩子与她一起工作，让孩子自由选择教具，老师给孩子演示基本的操作方法。在教具操作过程中，老师和孩子有口语和非口语的互动，于是孩子和老师开始建立良好的关系，老师就成为连接环境和其他孩子交流的桥梁。由于老师只是给孩子展示简单的教具操作方法，而在之后的教具操作延伸当中，相当一部分的教具需要小组协作才能完成，团队合作给自闭症孩子创造机会与普通孩子交流，这种自然的交流方式能发展自闭症孩子的社交能力。陶红讲述儿童在蒙台梭利教室中要用问候和礼貌用语，同时也学会等待，自闭症孩子和普通孩子借此机会相互交流和配合，这些活动让孩子了解生活中社会行为。

2. 蒙台梭利教育法可发展自闭症儿童的语言障碍

自闭症儿童语言发展迟缓，言语水平能力较低，其表现为无法与他人目光接触，发音和气息都存在问题，对语言的理解能力偏弱，很难理解抽象问题，导致了他们的逻辑能力也较差，从而在表达自我的需求时表现为障碍重重。贾林祥引用了徐光兴等学者的观点，自闭症儿童对外界导入的信息都是按他自己固有的、单一和机械刻板的形式处理所得的信息，所以他们在语言的理解和使用上与普通人有一定的差异。蒙台梭利的环境里，所用的物品都是真实存在的，给孩子提供大量是素材学习物品的具象，同时环境里的感官教具把抽象概念用实物表现出来。

3. 蒙台梭利教具发展自闭症儿童的运动机能和自控能力

蒙台梭利的感官领域的教具"打磨"儿童各个感觉器官，包括视觉训练、触觉训练、听觉训练、嗅觉训练、味觉训练、立体触感训练、温觉训练和重量感训练。蒙台梭利认为只有通过感官方面的不断发展和完善，孩子才能组织和分类自己的环境，并最终适应到这个环境中。感官教具激励孩子去观察，比较并做出选择，同时也提供机会建立专注力。李裕光、沈繻滑、陈素珍等（2015）解释蒙台梭利教室里的教具有属于它自己的位置，老师操作教具也是按程序操作。当孩子使用教具时必须归回原来的位置，这帮助自闭症儿童培养良好的秩序感。而蒙台梭利教室里的教具每种一个，儿童必须遵守"先来后到"的原则，这意味着自闭症儿童要学会"等待"，这些概念就会潜移默化地成为自闭症儿童生活的一部分，与此同时也培养他们的自控能力。下面以下页表 1 的情况为例。

针对星星的社会交往领域和语言发展领域，在入园的第一个月，老师每天都邀请星星与老师一起操作教具，每个教具的选择和难易程度都是从简单到复杂，从易至难。老师在教授具体事物时，运用简短的语句，如：长的、短的、重的、轻的、热的、冷的等等。3 个月后，老师只演示教具操作的前半部分，然后让星星去探索，老师在一旁观察孩子的表情和肢体表达。然后协助星星用言语表达自己的想法。

6 个月之后，在星星的每周计划中，除了一对一的教具操作，还鼓励星星邀请其他小朋友一起完成比较复杂的教具操作。当星星遇到困难时，老师先带领星星求助其他儿童，老师不仅给星星示范如何打断别人，而且也在言语和行为上示范如何请求他人的帮助。同时，老师还创造机会让孩子们相互讨论和交流。

4. 三段式教学法能教好地发展自闭症儿童的智力

蒙台梭利的三段式教学法是老师引导自闭症儿童学习的一种方法。这种教学可以锻炼儿童的秩序性和思维逻辑能力。三阶段教学法的重点和阶段任务分别是："命名""辨别""发音"。在第一阶段教学中，成人指认物品并命名，帮助儿童建立物品和命名的关系。第二阶段是成人说出物品名称，让儿童"指出"和"辨认"，儿童根据物品名称在三个物品中寻找对应的物品，当儿童在这个阶段能够熟悉物品后，这就证明他掌握物品名称的读音，成人就可以引导儿童进入第三阶阶段，把掌握的读音转换为发音，孩子能够说出物品的名称。李裕光、沈繻滑、陈素珍等证实了三段式教学法是以儿童为中心，并从浅入深，循序渐进的一种教学法，儿童不但在学习过程中增强他们的记忆能力，也树立自信心，而且可以锻炼儿童听、说、读的能力。陈君也指出三段式教学法对智障儿童的教学非常有效果，每一个阶段的教学使儿童一步一步获得经验，同时避开了跳跃式教学中出现的障碍，简练的教学过程让智障儿童得到充分的吸收，此法对智力落后的儿童教学效果显著。

4 岁的亮亮是一名自闭症患儿，入园的前三个月的教学计划重心是日常生活的训练，先练习抓（由大到小：积木、大串珠、小串珠、不同大小的豆子等）、握（练习手部的力量）、捏（用三指捏插座圆柱体，两指捏夹子）循序渐进训练亮亮的手部的精细动作。然后给老师给亮亮示范衣饰框的操作，老师分解操作衣饰框的动作，并且进行得很慢。第六个月，教学计划是感官训练，从视觉教具开始，如：色板盒 II，亮亮开始认识橙黄绿青蓝紫等颜色，并能找出与环境中相同颜色的物品。然后接着听觉、触觉、味觉、嗅觉等练习。每次亮亮操作教具时，亮亮都需要完成整个工作流程，如：拿的教具需归回原位。在语言教学方面，老师采用蒙台梭利三段式教学法让亮亮明白地将词语和已有的观念联结在一起，增强物品与名称的关系。

三、应用蒙台梭利教育法应注意的问题

蒙台梭利老师是孩子学习动机的激发者，他会根据“个别孩子最近发展区”的理论制定个别化的教学方案和教育措施，并给予孩子挑战，协助孩子发展到接近的水平。蒙台梭利环境中的儿童不会被区别对待，也不是使用单一、统一的方法去衡量儿童的发展，而是从蒙台梭利的五大领域作为教学参考，对儿童进行个别化的动态评估并制定个别化的教学计划。蒙台梭利教育注重培养孩子各方面能力，培养孩子的自律而不是他律，这是符合上小学的要求。苏媛媛指出儿童的发展是动态的，对孩子的教学评估不能一刀切，蒙台梭利的五大领域给老师们看清孩子横向的发展需求，而各阶段的观察记录为纵向发展表现，因此儿童的发展评估需根据各方面数据来完成。苏媛媛同时强调蒙台梭利的教学内容解决了与小学课程接轨的问题，呼吁政府加强对幼小衔接的关注，建议有关部门为学前教育提供有力的支持和保障。蒙台梭利的教育缩短幼儿园和小学的差距，让儿童在小学环境中自然段过渡。

参考文献

[1] 朴永馨 . 特殊教育学 [M]. 福州：福建教育出版社，1995.

[2] 熊贤君，喻本伐 . 中国教育发展史 [M]. 武汉：华中师范大学出版社，1991.

[3] 毛礼锐，沈灌群 . 中国教育通史（第一卷）[M]. 济南：山东教育出版社，1985.

[4] 刘宇晟 . 中国古代特殊教育的发展 [J]. 中国特殊教育，2000(2).

[5] 冯寅，杨川 . 从国外特殊教育发展看其对近代中国特教的影响 [J]. 理论研究，2013(6).

[6] 赵小红 . 改革开放 30 年中国特殊教育的发展及政策建议 . 中国特殊教育，2008(10).

[7] 刘敏 . 我国学前融合教育的现状与分析 [J]. 绥化学院学报，2003(1).

[8] 孙爱青，陈庆 . 蒙特梭利教育法在特殊教育中的运用研究 [J]. 中国现代教育装备，2012(2).

[9] 张百桥 . 在中国文化背景下实践蒙特梭利教育 [J]. 学前教育研究，2009(4).

[10] 郑瑞霞，吴岩，常小莉 . 浅谈蒙台梭利的学前特殊教育观——“教育治疗”[J]. 丝绸之路，2012(6).

[11] 陶红 . 蒙台梭利教育治疗孤独症幼儿情感和行为 [J]. 中国蒙台梭利，2011(12).

[12] 贾林祥 . 自闭症儿童的语言障碍及其形成原因 [J]. 徐州师范大学学报，2007(4).

[13] 苏媛媛 . 蒙台梭利教育理念下的幼小衔接新探索 [J]. 吉林省教育学院学报，2015(31).

[14] 马晓春 . 不同办园模式下，蒙台梭利教学法的应用现状调查——以银川市 A 园和 B 园为例 [J]. 教育教学论坛，2017(19).

[15] 赵婷婷 . 幼儿园引进蒙台梭利教育的现状分析 [J]. 亚太教育，2015(10).

[16] 赵瑜 . 促进蒙台梭利教育法中国本土化发展的策略——以淄博市幼儿园为例 [J]. 通化师范学院学报，2013(7).

[17] 马石子 . 蒙台梭利教育理念中国化的可行性及方法 [J]. 才智，2013(8).

[18] 陈萍 . 蒙台梭利教育思想在中国的引进研究 [J]. 忻州师范学院学报，2011(6).

[19] 蒋玲娟 . 我国学前融合教育研究综述 [J]. 科教导刊，2016(28)：37-38.

[20] 余喆，郑蕙苡 . 近年来我国学前融合教育研究热点，综述 [J]. 幼儿教育，2014(9)：37-41，46.

[21] 蒋玲娟 . 我国学前融合教育研究综述 [J]. 科教导刊，2016(28)：37-38.

[22] 余喆，郑蕙苡 . 近年来我国学前融合教育研究热点，综述 [J]. 幼儿教育，2014(9)：37-41，46.